21 LEYES DEL LIDERAZGO EN LA BIBLIA

Aprenda *a* Liderar *de los* Hombres *y* Mujeres *de las* Escrituras

JOHN C. MAXWELL

GRUPO NELSON
Una división de Thomas Nelson Publishers
Desde 1798

© 2021 por Grupo Nelson®
Publicado en Nashville, Tennessee, Estados Unidos de América.
Grupo Nelson es una marca registrada de Thomas Nelson.
www.gruponelson.com

Título en inglés: *21 Laws of Leadership in the Bible*
© 2018 por John C. Maxwell

Publicado por Thomas Nelson. Thomas Nelson es una marca registrada de HarperCollins Christian Publishing, Inc.

Publicado en asociación con Yates & Yates, *www.yates2.com*

Este título también está disponible en formato electrónico.

Editora en Jefe: *Graciela Lelli*
Traducción: *Enrique Chi*
Adaptación del diseño al español: *Mauricio Díaz*

ISBN: 978-1-40022-192-9
Ebook: 978-1-40022-191-2

Impreso en Estados Unidos de América
21 22 23 24 LSC 9 8 7 6 5 4 3 2 1

CONTENIDO

RECONOCIMIENTOS

Quiero expresar mi agradecimiento a Charlie Wetzel y al resto del equipo que me brindaron su ayuda durante la formación y publicación de este libro, al igual que a los individuos que lo apoyan en mis organizaciones. Todos ustedes me añaden un valor incalculable, lo cual me permite agregarles valor a otros. ¡Juntos, estamos marcando una diferencia!

INTRODUCCIÓN

Al principio de mi carrera, cuando empecé a enseñar en la iglesia acerca del liderazgo, frecuentemente las personas se veían sorprendidas. Era claro que yo era joven y carecía de experiencia; sin embargo, las ideas que lograba transmitir parecían ir más allá de lo que yo debiera saber. Posteriormente, cuando empecé a escribir acerca del liderazgo, las personas se sentían atraídas al mensaje. Y cuando comencé a dictar conferencias y a escribir para una audiencia más general, a menudo me preguntaban: «¿Dónde aprendiste todo esto?».

Me complacía darles mi secreto: todo lo que sé acerca del liderazgo lo aprendí en la Biblia.

La Biblia no solo es el mejor libro jamás escrito, sino que también es el mejor libro de liderazgo jamás escrito. Todo lo que quiera saber acerca del liderazgo: visión, propósito, pensamiento estratégico, comunicación, actitud, motivación, preparación y ejecución; todo está ahí. Solo debe ser receptivo a lo que Dios quiera enseñarle. Como dice en Isaías 55:11:

> *Así será mi palabra que sale de mi boca;*
> *no volverá a mí vacía,*
> *sino que hará lo que yo quiero,*
> *y será prosperada en aquello para que la envié.*

La Palabra de Dios siempre cumple su propósito. Si ha sentido la carga de ser un mejor líder o si alguien le ha tocado el hombro para pedirle que sea líder, Dios le ayudará.

Me entusiasmo por usted al iniciar esta jornada de desarrollo del liderazgo a través de la Palabra de Dios. Escogí organizar este libro alrededor de las veintiuna leyes del liderazgo. Tal vez conozca mi libro *Las 21 leyes irrefutables del liderazgo: siga estas leyes, y la gente lo seguirá a usted*. Si lo conoce, las leyes le resultarán sumamente familiares. En caso contrario, no se preocupe. He incluido porciones breves del libro en cada lección para explicar la ley a la que se refiere, pero he mantenido el enfoque de este libro en las Escrituras. Cada lección contiene tres casos de estudio cuidadosamente seleccionados, unos positivos, otros negativos, que revelan e ilustran la ley. Después de leer cada uno de estos pasajes de la Biblia, responderá algunas preguntas de estudio que le motivarán a profundizar en las Escrituras y aprender del liderazgo.

Este libro de trabajo, sin embargo, no está diseñado para ser meramente un ejercicio teórico. Está destinado a ayudarle a ser un mejor líder. Así que después de los pasajes y de las preguntas de estudio, se le indicará que reflexione sobre cómo aplicar las lecciones de liderazgo a su propia vida. También desarrollará una acción específica que le ayudará a aplicar lo aprendido y mejorar su liderazgo.

Podrá avanzar fácilmente por este libro de trabajo por sí solo y mejorar su capacidad de liderazgo, pero quiero animarlo a que lo haga con un grupo. No hay nada como aprender con otras personas de ideas afines que buscan crecer y desarrollar sus aptitudes de liderazgo. Para ayudarle con este proceso, he incluido preguntas para discusión en grupo al final de cada lección.

Recomiendo que reúna a un grupo de personas para participar juntos en este proceso. Antes de reunirse, cada uno deberá responder individualmente las secciones de «Preguntas de estudio», «Perspectivas de liderazgo y reflexión», y «Actúe» de cada lección. Luego reúnanse en grupo y respondan a las preguntas de discusión. Creo que descubrirán que aprenderán mejor y lo disfrutarán más en grupo.

Que Dios le bendiga mientras disfruta de este viaje.

LECCIÓN 1

LA LEY DEL TOPE

La capacidad de liderazgo determina el nivel de eficacia

DEFINICIÓN DE LA LEY

El éxito se encuentra al alcance de casi todos. Si bien no todos recibirán una calificación de diez (en una escala del éxito de uno a diez), la mayoría de los individuos tiene la capacidad de lograr alguna medida de éxito o eficacia en su vida. Sin embargo, todos, en algún momento, enfrentamos un «tope» natural y ese tope es nuestra capacidad de liderazgo. La realidad es que el nivel de su eficacia general jamás podrá ascender más que el nivel de su capacidad de liderazgo. A mayor capacidad de liderazgo, mayor potencial. A menor capacidad de liderazgo, menor será el potencial.

Su capacidad de liderazgo, para bien o para mal, siempre afecta su eficacia y el impacto potencial de su organización. Eso se debe a que, como individuo, solo es posible lograr un nivel determinado de éxito. Solo hay ciertas horas al día en que alguien puede trabajar. Solo cuando uno se asocia con otros y aumenta su eficacia como equipo podrá llevar su éxito personal más allá de aquel tope.

Digamos que su nivel de éxito, en una escala de diez, es seis. Eso es bastante bueno. Pero, al igual que la mayoría de las personas, le gustaría crecer y pasar más allá de ese nivel. Tiene dos opciones: podría enfocar toda su energía en incrementar su eficacia personal. Podría trabajar más duro y por más tiempo. Y, con toda esa dedicación, podría crecer en alguna medida. Sin embargo, finalmente usted utilizaría todo su tiempo y quedaría exhausto. Un uso más eficaz y satisfactorio de su tiempo y su energía sería enfocarse en crecer como líder.

Cuando eleva su capacidad de liderazgo, aunque no aumente su dedicación al éxito, aumenta su potencial de éxito por un margen amplio. Cuando pase más allá de su tope, su influencia crecerá como resultado de ello. Más personas querrán seguirle y colaborar con usted para lograr alguna meta. Y tener más personas dedicadas a una visión significa más tiempo y energías dedicados al éxito. Si dirige a más personas y tiene una mayor influencia positiva sobre ellas, logrará más.

La capacidad de liderazgo también es el tope de la eficacia de la organización. Si el liderazgo de una organización es fuerte, su tope estará alto. Pero si no lo es, la organización tendrá limitaciones. Es por ello que, en tiempos difíciles, es natural que las organizaciones busquen un liderazgo nuevo. Cuando un país experimenta tiempos difíciles, elige a un presidente nuevo. Cuando una empresa pierde dinero, contrata a un nuevo presidente ejecutivo. Cuando una iglesia trastabilla, busca a un pastor nuevo. Cuando un equipo deportivo pierde continuamente, busca a un entrenador nuevo.

Cuanto más aspire lograr, más necesitará del liderazgo. Cuanto más impacto desee causar, mayor deberá ser su influencia. Todo lo que logre estará limitado por su capacidad de dirigir a otros. Crezca como líder y multiplicará su éxito personal y el éxito de su organización. La capacidad de liderazgo determina el nivel de eficacia de una persona. Esa es la Ley del Tope.

CASOS DE ESTUDIO

Lea estos casos de estudio de la Biblia y responda a las preguntas subsiguientes.

1 Aarón y Moisés

Éxodo 32:1-25

¹ Viendo el pueblo que Moisés tardaba en descender del monte, se acercaron entonces a Aarón, y le dijeron: Levántate, haznos dioses que vayan delante de nosotros; porque a este Moisés, el varón que nos sacó de la tierra de Egipto, no sabemos qué le haya acontecido. ² Y Aarón les dijo: Apartad los zarcillos de oro que están en las orejas de vuestras mujeres, de vuestros hijos y de vuestras hijas, y traédmelos. ³ Entonces todo el pueblo apartó los zarcillos de oro que tenían en sus orejas, y los trajeron a Aarón; ⁴ y él los tomó de las manos de ellos, y le dio forma con buril, e hizo de ello un becerro de fundición. Entonces dijeron: Israel, estos son tus dioses, que te sacaron de la tierra de Egipto. ⁵ Y viendo esto Aarón, edificó un altar delante del becerro; y pregonó Aarón, y dijo: Mañana será fiesta para Jehová. ⁶ Y al día siguiente madrugaron, y ofrecieron holocaustos, y presentaron ofrendas de paz; y se sentó el pueblo a comer y a beber, y se levantó a regocijarse. ⁷ Entonces Jehová dijo a Moisés: Anda, desciende, porque tu pueblo que sacaste de la tierra de Egipto se ha corrompido. ⁸ Pronto se han apartado del camino que yo les mandé; se han hecho un becerro de fundición, y lo han adorado, y le han ofrecido sacrificios, y han dicho: Israel, estos son tus dioses, que te sacaron de la tierra de Egipto. ⁹ Dijo más Jehová a Moisés: Yo he visto a este pueblo, que por cierto es pueblo de dura cerviz. ¹⁰ Ahora, pues, déjame que se encienda mi ira en ellos, y los consuma; y de ti yo haré una nación grande. ¹¹ Entonces Moisés oró en presencia de Jehová su Dios, y dijo: Oh Jehová, ¿por qué se encenderá tu furor contra tu pueblo, que tú sacaste de la tierra de Egipto con gran poder y con mano fuerte? ¹² ¿Por qué han de hablar los egipcios, diciendo: Para mal los sacó, para matarlos en los montes, y para raerlos de sobre la faz de la tierra? Vuélvete del ardor de tu ira, y arrepiéntete de este mal contra tu pueblo. ¹³ Acuérdate de Abraham, de Isaac y de Israel tus siervos, a los cuales has jurado por ti mismo, y les has dicho: Yo multiplicaré vuestra descendencia como las estrellas del cielo; y daré a vuestra descendencia toda esta tierra de que he hablado, y la tomarán por heredad para siempre. ¹⁴ Entonces Jehová se arrepintió del mal que dijo que había de hacer a su pueblo. ¹⁵ Y volvió Moisés y descendió del monte, trayendo en su mano las dos tablas del testimonio, las tablas escritas por ambos lados; de uno y otro lado estaban escritas. ¹⁶ Y las tablas eran obra de Dios, y la escritura era escritura de Dios grabada sobre las tablas. ¹⁷ Cuando oyó Josué el clamor del pueblo que gritaba, dijo a Moisés: Alarido de pelea hay en el campamento. ¹⁸ Y él respondió: No es voz de alaridos de fuertes, ni voz de alaridos de débiles; voz de cantar oigo yo. ¹⁹ Y aconteció que cuando él llegó al campamento, y vio el becerro y las danzas, ardió la ira de Moisés, y arrojó las tablas de sus manos, y las quebró al pie del monte. ²⁰ Y tomó el becerro que habían hecho, y lo quemó en el fuego, y lo molió hasta reducirlo a polvo, que esparció sobre las aguas, y lo dio a beber a los hijos de Israel. ²¹ Y dijo Moisés a Aarón: ¿Qué te ha hecho este pueblo, que

has traído sobre él tan gran pecado? *²²* *Y respondió Aarón: No se enoje mi señor;*
tú conoces al pueblo, que es inclinado a mal. *²³* *Porque me dijeron: Haznos dioses*
que vayan delante de nosotros; porque a este Moisés, el varón que nos sacó de la
tierra de Egipto, no sabemos qué le haya acontecido. *²⁴* *Y yo les respondí: ¿Quién*
tiene oro? Apartadlo. Y me lo dieron, y lo eché en el fuego, y salió este becerro.
²⁵ *Y viendo Moisés que el pueblo estaba desenfrenado, porque Aarón lo había*
permitido, para vergüenza entre sus enemigos.

Preguntas de estudio

1. Al principio de esta historia, ¿quién tenía más influencia sobre el otro: Aarón
   sobre el pueblo o el pueblo sobre Aarón? Explique.

   _____
   _____
   _____
   _____
   _____
   _____
   _____
   _____

2. ¿Qué nos dice esto acerca del liderazgo de Aarón? ¿Cómo manejó sus responsabilidades? ¿Con qué propósito utilizó su influencia?

   _____
   _____
   _____
   _____
   _____
   _____
   _____
   _____
   _____

3. ¿Cómo influyó Moisés sobre Dios en este pasaje? ¿Qué fue lo que dijo y cuál fue el resultado?

_____

_____

_____

_____

_____

4. Describa las responsabilidades de Moisés como líder con respecto a:

Dios _____

Aarón _____

Josué _____

El pueblo _____

¿Para qué propósito utilizó su influencia? ¿Cuánto éxito logró? ¿Cuál fue el resultado?

_____

_____

_____

_____

_____

2 David y Saúl

1 Samuel 17:32-52

32 Y dijo David a Saúl: No desmaye el corazón de ninguno a causa de él; tu siervo irá y peleará contra este filisteo. 33 Dijo Saúl a David: No podrás tú ir contra aquel filisteo, para pelear con él; porque tú eres muchacho, y él un hombre de guerra desde su juventud. 34 David respondió a Saúl: Tu siervo era pastor de las ovejas de su padre; y cuando venía un león, o un oso, y tomaba algún cordero de la manada, 35 salía yo tras él, y lo hería, y lo libraba de su boca; y si se levantaba contra mí, yo le echaba mano de la quijada, y lo hería y lo mataba. *36 Fuese león, fuese oso, tu siervo lo mataba; y este filisteo incircunciso será como uno de ellos, porque ha provocado al ejército del Dios viviente. 37 Añadió David: Jehová, que me ha librado de las garras del león y de las garras del oso, él también me librará de la mano de este filisteo. Y dijo Saúl a David: Ve, y Jehová esté contigo. 38 Y Saúl vistió a David con sus ropas, y puso sobre su cabeza un casco de bronce, y le armó de coraza. 39 Y ciñó David su espada sobre sus vestidos, y probó a andar, porque nunca había hecho la prueba. Y dijo David a Saúl: Yo no puedo andar con esto, porque nunca lo practiqué. Y David echó de sí aquellas cosas. 40 Y tomó su cayado en su mano, y escogió cinco piedras lisas del arroyo, y las puso en el saco pastoril, en el zurrón que traía, y tomó su honda en su mano, y se fue hacia el filisteo. 41 Y el filisteo venía andando y acercándose a David, y su escudero delante de él. 42 Y cuando el filisteo miró y vio a David, le tuvo en poco; porque era muchacho, y rubio, y de hermoso parecer. 43 Y dijo el filisteo a David: ¿Soy yo perro, para que vengas a mí con palos? Y maldijo a David por sus dioses. 44 Dijo luego el filisteo a David: Ven a mí, y daré tu carne a las aves del cielo y a las bestias del campo. 45 Entonces dijo David al filisteo: Tú vienes a mí con espada y lanza y jabalina; mas yo vengo a ti en el nombre de Jehová de los ejércitos, el Dios de los escuadrones de Israel, a quien tú has provocado. 46 Jehová te entregará hoy en mi mano, y yo te venceré, y te cortaré la cabeza, y daré hoy los cuerpos de los filisteos a las aves del cielo y a las bestias de la tierra; y toda la tierra sabrá que hay Dios en Israel. 47 Y sabrá toda esta congregación que Jehová no salva con espada y con lanza; porque de Jehová es la batalla, y él os entregará en nuestras manos. 48 Y aconteció que cuando el filisteo se levantó y echó a andar para ir al encuentro de David, David se dio prisa, y corrió a la línea de batalla contra el filisteo. 49 Y metiendo David su mano en la bolsa, tomó de allí una piedra, y la tiró con la honda, e hirió al filisteo en la frente; y la piedra quedó clavada en la frente, y cayó sobre su rostro en tierra. 50 Así venció David al filisteo con honda y piedra; e hirió al filisteo y lo mató, sin tener David espada en su mano. 51 Entonces corrió David y se puso sobre el filisteo; y tomando la espada de él y sacándola de su vaina, lo acabó de matar, y le cortó con ella la cabeza. Y cuando los filisteos vieron a su paladín muerto, huyeron. 52 Levantándose luego los de Israel y los de Judá, gritaron, y siguieron a los filisteos hasta llegar al valle, y hasta las puertas de Ecrón. Y cayeron los heridos de los filisteos por el camino de Saaraim hasta Gat y Ecrón.*

Preguntas de estudio

1. Goliat provocó al rey Saúl y a Israel por cuarenta días; sin embargo, ningún campeón salió a enfrentarlo durante ese tiempo. ¿Qué nos dice eso del liderazgo de Saúl?

2. ¿Qué fue lo que le dio a David el valor para enfrentar al campeón filisteo? ¿Cómo lo diferenció esto de Saúl?

3. ¿Cómo influyó David sobre los dos ejércitos? ¿Cómo respondieron? ¿Qué podría haber sucedido si David no hubiera actuado?

4. ¿Qué nos dice esta historia acerca de la conexión entre la acción y la influencia?

_____

_____

_____

_____

_____

_____

❸ Roboam y el pueblo

1 Reyes 12:1-20

¹ Roboam fue a Siquem, porque todo Israel había venido a Siquem para hacerle rey. ² Y aconteció que cuando lo oyó Jeroboam hijo de Nabat, que aún estaba en Egipto, adonde había huido de delante del rey Salomón, y habitaba en Egipto, ³ enviaron a llamarle. Vino, pues, Jeroboam, y toda la congregación de Israel, y hablaron a Roboam, diciendo: ⁴ Tu padre agravó nuestro yugo, mas ahora disminuye tú algo de la dura servidumbre de tu padre, y del yugo pesado que puso sobre nosotros, y te serviremos. ⁵ Y él les dijo: Idos, y de aquí a tres días volved a mí. Y el pueblo se fue. ⁶ Entonces el rey Roboam pidió consejo de los ancianos que habían estado delante de Salomón su padre cuando vivía, y dijo: ¿Cómo aconsejáis vosotros que responda a este pueblo? ⁷ Y ellos le hablaron diciendo: Si tú fueres hoy siervo de este pueblo y lo sirvieres, y respondiéndoles buenas palabras les hablares, ellos te servirán para siempre. ⁸ Pero él dejó el consejo que los ancianos le habían dado, y pidió consejo de los jóvenes que se habían criado con él, y estaban delante de él. ⁹ Y les dijo: ¿Cómo aconsejáis vosotros que respondamos a este pueblo, que me ha hablado diciendo: Disminuye algo del yugo que tu padre puso sobre nosotros? ¹⁰ Entonces los jóvenes que se habían criado con él le respondieron diciendo: Así hablarás a este pueblo que te ha dicho estas palabras: Tu padre agravó nuestro yugo, mas tú disminúyenos algo; así les hablarás: El menor dedo de los míos es más grueso que los lomos de mi padre. ¹¹ Ahora, pues, mi padre os cargó de pesado yugo, mas yo añadiré a vuestro yugo; mi padre os castigó con azotes, mas yo os castigaré con escorpiones. ¹² Al tercer día vino Jeroboam con todo el pueblo a Roboam, según el rey lo había mandado, diciendo: Volved a mí al tercer día. ¹³ Y el rey respondió al pueblo duramente, dejando el consejo que los ancianos le habían dado; ¹⁴ y les habló conforme al consejo de los jóvenes, diciendo: Mi padre agravó vuestro yugo, pero yo añadiré a vuestro yugo; mi padre os castigó con azotes, mas yo os castigaré con escorpiones. ¹⁵ Y no oyó el rey al pueblo; porque era designio de Jehová para confirmar la palabra que Jehová había hablado por medio de Ahías silonita a Jeroboam hijo de Nabat. ¹⁶ Cuando todo el pueblo vio que el rey no les había oído, le respondió estas palabras, diciendo: ¿Qué parte tenemos nosotros con David? No tenemos heredad en el hijo de Isaí. ¡Israel, a tus tiendas! ¡Provee ahora en tu casa, David! Entonces Israel se fue a sus tiendas. ¹⁷ Pero reinó Roboam sobre los hijos de Israel que moraban en las ciudades de Judá. ¹⁸ Y el rey Roboam envió a Adoram, que estaba sobre los tributos; pero lo apedreó todo Israel, y murió. Entonces el rey Roboam se apresuró a subirse en un carro y huir a Jerusalén. ¹⁹ Así se apartó Israel de la casa de David hasta hoy. ²⁰ Y aconteció que oyendo todo Israel que Jeroboam había vuelto, enviaron a llamarle a la congregación, y le hicieron rey sobre todo Israel, sin quedar tribu alguna que siguiese la casa de David, sino sólo la tribu de Judá.

Preguntas de estudio

1. ¿Cuál era la motivación de Roboam para el liderazgo? ¿Cuáles eran las motivaciones de los dos grupos que le asesoraron?

   _____

   _____

   _____

   _____

2. ¿En qué se apoyaba Roboam para que su liderazgo funcionara? ¿Qué tan eficaz le resultó?

   _____

   _____

   _____

   _____

3. ¿Qué podría haber sucedido si Roboam hubiera escuchado a los ancianos? ¿De qué manera habría cambiado la historia de Israel como resultado de ello?

_____

_____

_____

_____

_____

4. David y Roboam eran jóvenes cuando recibieron la oportunidad de ser líderes en estos pasajes. ¿En qué fueron similares? ¿En qué modos diferentes?

_____

_____

_____

_____

_____

PERSPECTIVAS DE LIDERAZGO Y REFLEXIÓN

En una escala de uno (bajo) a diez (alto), ¿qué calificación le daría al liderazgo de Aarón, Moisés, David, Saúl y Roboam basado en estos pasajes? Indique la razón de su calificación.

_____

_____

_____

_____

_____

_____

_____

_____

_____

_____

_____

Si observa el liderazgo de ellos, ¿qué puede aprender sobre su propia capacidad de liderazgo? ¿Cómo podrían afectar las limitaciones de su liderazgo su capacidad de alcanzar sus metas en la vida?

_____

_____

_____

_____

_____

_____

ACTÚE

Considerando que la capacidad de liderazgo determina el nivel de eficacia de un individuo, ¿qué puede hacer para empezar a convertirse en un mejor líder *de inmediato*? Determine si es:

- ☐ Un cambio de actitud
- ☐ Un mal hábito que debe dejar
- ☐ Un buen hábito que debe establecer
- ☐ Una acción que debe efectuar con una persona o un grupo

¿Qué hará?

_____

_____

_____

_____

_____

_____

_____

_____

¿Cuándo lo hará? _____ Fecha: _____

Preguntas para discusión en grupo

1. En el pasado, ¿cuán importante ha sido el liderazgo para usted? ¿Ha sido algo en lo que ha pensado mucho? ¿Lo ha estudiado?

2. ¿Qué tan importante piensa que será para usted ahora? Explique.

3. De todos los líderes que estudió en los tres pasajes de la Biblia, ¿con cuál de ellos se identifica más? ¿Por qué?

4. ¿A cuál de ellos admira más? ¿Por qué?

5. Si tuviera que calificar su liderazgo general en una escala de uno (no puedo liderar a nadie) a diez (podría liderar a cualquiera, en cualquier lugar, a cualquier nivel), ¿qué calificación se daría? ¿Por qué?

6. ¿Cuál fue la enseñanza más importante que obtuvo de esta lección?

7. ¿Qué acción piensa usted que Dios desea que lleve a cabo en su liderazgo como resultado de esta enseñanza? ¿Cuándo y cómo lo hará?

2

LA LEY DE LA INFLUENCIA

La verdadera medida del liderazgo es la influencia

DEFINICIÓN DE LA LEY

¿Qué es el liderazgo? Muchos creen que es una posición. Pero, si usted observa la dinámica que se desarrolla entre las personas en casi todos los aspectos de la vida, verá que algunos son líderes y otros son seguidores, y observará que la posición y el título a menudo tienen muy poco que ver con quién realmente está al mando. Aun así, aquellos que poseen un título de liderazgo casi siempre asumen que dicho papel automáticamente los convierte en líderes. Otros, que no tienen un rol de liderazgo oficial, asumen que no pueden llamarse a sí mismos líderes. Ninguno de estos grupos tiene la razón. El liderazgo, por definición, es influencia.

El liderazgo no es un título en una tarjeta de presentación ni un beneficio que puede ofrecerse junto con una promoción y un aumento de sueldo. El liderazgo verdadero no puede otorgarse, nombrarse ni asignarse. Proviene únicamente de la influencia y no puede crearse por mandato. Hay que ganárselo. Lo único que un título le brinda es un poco de tiempo para aumentar su nivel de influencia sobre otros, o socavarlo.

Otro malentendido generalizado es que liderar y administrar son lo mismo. Hasta hace unos cuantos años, muchos de los libros que decían ser sobre liderazgo realmente eran de administración. La diferencia principal entre ambos es que el liderazgo consiste en influenciar a la gente a ser seguidora, mientras que la administración se enfoca en mantener sistemas y procesos. Los sistemas y procesos tienen una capacidad limitada. Para guiar a las personas en una nueva dirección, se requiere influencia.

¿Qué pasa con los emprendedores? Muchos asumen que todos los emprendedores son líderes, pero no siempre es así. Los emprendedores son hábiles para ver las oportunidades y aprovecharlas. Ven las necesidades y saben cómo satisfacerlas de una manera que genere ganancias. Pero algunos de ellos no son buenos para tratar a la gente. Los emprendedores más exitosos se asocian con personas que son hábiles en la parte de la ecuación relativa a las personas.

En la sociedad actual, tendemos a creer que pericia equivale a liderazgo. Si así fuera, entonces los que poseen conocimientos e inteligencia debieran ser líderes. Esto no es necesariamente cierto. Podríamos visitar cualquier universidad importante y conocer científicos investigadores y filósofos brillantes —cuya capacidad de pensamiento es tan elevada que ni puede medirse—, pero cuya capacidad de liderar es tan baja que ni se registra. Ni el cociente intelectual ni la educación equivalen necesariamente a liderazgo.

Por último, otro concepto errado es que cualquiera que esté frente a una multitud es líder. Sin embargo, ser el primero no es lo mismo que ser líder. Para ser líder, una persona no solo debe estar al frente, sino también tener gente que vaya intencionalmente tras él/ella, siguiendo su dirección y actuando según su visión. Ser un creador de tendencias no es lo mismo que ser un líder.

Me encanta el proverbio que dice: «El que se cree líder y no tiene seguidores solo está dando un paseo». Si no puede influir sobre las personas, no lo seguirán. Y si no hay personas siguiéndolo, no es líder. Esa es la Ley de la Influencia. No importa lo que otros puedan decir; recuerde que el liderazgo es influencia, nada más, nada menos.

Casos de estudio

Lea estos casos de estudio de la Biblia y responda a las preguntas subsiguientes.

① La influencia de Rahab

Josué 2:1-24

¹ Josué hijo de Nun envió desde Sitim dos espías secretamente, diciéndoles: Andad, reconoced la tierra, y a Jericó. Y ellos fueron, y entraron en casa de una ramera que se llamaba Rahab, y posaron allí. ² Y fue dado aviso al rey de Jericó, diciendo: He aquí que hombres de los hijos de Israel han venido aquí esta noche para espiar la tierra. ³ Entonces el rey de Jericó envió a decir a Rahab: Saca a los hombres que han venido a ti, y han entrado a tu casa; porque han venido para espiar toda la tierra. ⁴ Pero la mujer había tomado a los dos hombres y los había escondido; y dijo: Es verdad que unos hombres vinieron a mí, pero no supe de dónde eran. ⁵ Y cuando se iba a cerrar la puerta, siendo ya oscuro, esos hombres se salieron, y no sé a dónde han ido; seguidlos aprisa, y los alcanzaréis. ⁶ Mas ella los había hecho subir al terrado, y los había escondido entre los manojos de lino que tenía puestos en el terrado. ⁷ Y los hombres fueron tras ellos por el camino del Jordán, hasta los vados; y la puerta fue cerrada después que salieron los perseguidores. ⁸ Antes que ellos se durmiesen, ella subió al terrado, y les dijo: ⁹ Sé que Jehová os ha dado esta tierra; porque el temor de vosotros ha caído sobre nosotros, y todos los moradores del país ya han desmayado por causa de vosotros. ¹⁰ Porque hemos oído que Jehová hizo secar las aguas del Mar Rojo delante de vosotros cuando salisteis de Egipto, y lo que habéis hecho a los dos reyes de los amorreos que estaban al otro lado del Jordán, a Sehón y a Og, a los cuales habéis destruido. ¹¹ Oyendo esto, ha desmayado nuestro corazón; ni ha quedado más aliento en hombre alguno por causa de vosotros, porque Jehová vuestro Dios es Dios arriba en los cielos y abajo en la tierra. ¹² Os ruego pues, ahora, que me juréis por Jehová, que como he hecho misericordia con vosotros, así la haréis vosotros con la casa de mi padre, de lo cual me daréis una señal segura; ¹³ y que salvaréis la vida a mi padre y a mi madre, a mis hermanos y hermanas, y a todo lo que es suyo; y que libraréis nuestras vidas de la muerte. ¹⁴ Ellos le respondieron: Nuestra vida responderá por la vuestra, si no denunciareis este asunto nuestro; y cuando Jehová nos haya dado la tierra, nosotros haremos contigo misericordia y verdad. ¹⁵ Entonces ella los hizo descender con una cuerda por la ventana; porque su casa estaba en el muro de la ciudad, y ella vivía en el muro. ¹⁶ Y les dijo: Marchaos al monte, para que los que fueron tras vosotros no os encuentren; y estad escondidos allí tres días, hasta que los que os siguen hayan vuelto; y después os iréis por vuestro camino. ¹⁷ Y ellos le dijeron: Nosotros quedaremos libres de este juramento con que nos has juramentado. ¹⁸ He aquí, cuando nosotros entremos en la tierra, tú atarás este cordón de grana a la ventana por la cual nos descolgaste; y reunirás en tu casa a tu padre y a tu madre, a tus hermanos y a toda la familia de tu padre. ¹⁹ Cualquiera que saliere fuera de las puertas de tu casa, su sangre será sobre su cabeza, y nosotros sin culpa. Mas *cualquiera que se estuviere en casa contigo, su sangre será sobre nuestra cabeza, si mano le tocare. ²⁰ Y si tú denunciares este nuestro asunto, nosotros quedaremos libres de este tu juramento con que nos has juramentado. ²¹ Ella respondió: Sea así como habéis dicho. Luego los despidió, y se fueron; y ella ató el cordón de grana a la ventana. ²² Y caminando ellos, llegaron al monte y estuvieron allí tres días, hasta que volvieron los que los perseguían; y los que los persiguieron buscaron por todo el camino, pero no los hallaron. ²³ Entonces volvieron los dos hombres; descendieron del monte, y pasaron, y vinieron a Josué hijo de Nun, y le contaron todas las cosas que les habían acontecido. ²⁴ Y dijeron a Josué: Jehová ha entregado toda la tierra en nuestras manos; y también todos los moradores del país desmayan delante de nosotros.*

Preguntas de estudio

1. ¿Qué tipo de papel de liderazgo formal piensa usted que una prostituta como Rahab podría haber tenido en Jericó? Basado en su interacción con el rey de Jericó y sus oficiales, ¿qué tipo de influencia *real* piensa usted que tenía ella sobre la ciudad? Explique.

---

2. ¿Por qué cree usted que los espías escogieron a Rahab para que los ayudara? ¿Por qué confiaron en ella?

---

3. ¿Cómo influyó Rahab en los espías? ¿Cómo influyó ella sobre Josué y la nación de Israel?

_____

_____

_____

_____

_____

_____

4. ¿Qué significado trascendental le atribuye al hecho de que Rahab, una mujer y prostituta, sea mencionada por nombre en esta historia, pero los dos espías, hombres israelitas de confianza, permanezcan anónimos?

_____

_____

_____

_____

_____

_____

2 Elí, sus hijos y Samuel

1 Samuel 2:12-26

12 Los hijos de Elí eran hombres impíos, y no tenían conocimiento de Jehová. 13 Y era costumbre de los sacerdotes con el pueblo, que cuando alguno ofrecía sacrificio, venía el criado del sacerdote mientras se cocía la carne, trayendo en su mano un garfio de tres dientes, 14 y lo metía en el perol, en la olla, en el caldero o en la marmita; y todo lo que sacaba el garfio, el sacerdote lo tomaba para sí. De esta manera hacían con todo israelita que venía a Silo. 15 Asimismo, antes de quemar la grosura, venía el criado del sacerdote, y decía al que sacrificaba: Da carne que asar para el sacerdote; porque no tomará de ti carne cocida, sino cruda. 16 Y si el hombre le respondía: Quemen la grosura primero, y después toma tanto como quieras; él respondía: No, sino dámela ahora mismo; de otra manera yo la tomaré por la fuerza. 17 Era, pues, muy grande delante de Jehová el pecado de los jóvenes; porque los hombres menospreciaban las ofrendas de Jehová. ¹⁸ Y el joven Samuel ministraba en la presencia de Jehová, vestido de un efod de lino. ¹⁹ Y le hacía su madre una túnica pequeña y se la traía cada año, cuando subía con su marido para ofrecer el sacrificio acostumbrado. ²⁰ Y Elí bendijo a Elcana y a su mujer, diciendo: Jehová te dé hijos de esta mujer en lugar del que pidió a Jehová. Y se volvieron a su casa. ²¹ Y visitó Jehová a Ana, y ella concibió, y dio a luz tres hijos y dos hijas. Y el joven Samuel crecía delante de Jehová. ²² Pero Elí era muy viejo; y oía de todo lo que sus hijos hacían con todo Israel, y cómo dormían con las mujeres que velaban a la puerta del tabernáculo de reunión. ²³ Y les dijo: ¿Por qué hacéis cosas semejantes? Porque yo oigo de todo este pueblo vuestros malos procederes. ²⁴ No, hijos míos, porque no es buena fama la que yo oigo; pues hacéis pecar al pueblo de Jehová. ²⁵ Si pecare el hombre contra el hombre, los jueces le juzgarán; mas si alguno pecare contra Jehová, ¿quién rogará por él? Pero ellos no oyeron la voz de su padre, porque Jehová había resuelto hacerlos morir. ²⁶ Y el joven Samuel iba creciendo, y era acepto delante de Dios y delante de los hombres.

Preguntas de estudio

1. ¿Cómo describiría usted la actitud y la motivación de los hijos de Elí con lo que se relacionaba con el liderazgo?

   _____

   _____

   _____

   _____

   _____

2. ¿Qué hacían los hijos de Elí para lograr lo que se proponían? ¿Utilizaron la influencia, los títulos, la ley o algún otro medio?

   _____

   _____

   _____

   _____

   _____

3. ¿Cómo describiría la actitud y la motivación de Elí?

_____

_____

_____

_____

_____

4. ¿Por qué Elí fue incapaz de cambiar el comportamiento de sus hijos, mientras que Samuel —a quien Elí trató de influenciar también— creció en el favor de Dios y anduvo en el camino correcto?

_____

_____

_____

_____

_____

③ Pablo: El prisionero influyente

Hechos 27:1-44

¹ *Cuando se decidió que habíamos de navegar para Italia, entregaron a Pablo y a algunos otros presos a un centurión llamado Julio, de la compañía Augusta. ² Y embarcándonos en una nave adramitena que iba a tocar los puertos de Asia, zarpamos, estando con nosotros Aristarco, macedonio de Tesalónica. ³ Al otro día llegamos a Sidón; y Julio, tratando humanamente a Pablo, le permitió que fuese a los amigos, para ser atendido por ellos. ⁴ Y haciéndonos a la vela desde allí, navegamos a sotavento de Chipre, porque los vientos eran contrarios. ⁵ Habiendo atravesado el mar frente a Cilicia y Panfilia, arribamos a Mira, ciudad de Licia. ⁶ Y hallando allí el centurión una nave alejandrina que zarpaba para Italia, nos embarcó en ella. ⁷ Navegando muchos días despacio, y llegando a duras penas frente a Gnido, porque nos impedía el viento, navegamos a sotavento de Creta, frente a Salmón. ⁸ Y costeándola con dificultad, llegamos a un lugar que llaman Buenos Puertos, cerca del cual estaba la ciudad de Lasea. ⁹ Y habiendo pasado mucho tiempo, y siendo ya peligrosa la navegación, por haber pasado ya el ayuno,*

Pablo les amonestaba, [10] diciéndoles: Varones, veo que la navegación va a ser con perjuicio y mucha pérdida, no sólo del cargamento y de la nave, sino también de nuestras personas. [11] Pero el centurión daba más crédito al piloto y al patrón de la nave, que a lo que Pablo decía. [12] Y siendo incómodo el puerto para invernar, la mayoría acordó zarpar también de allí, por si pudiesen arribar a Fenice, puerto de Creta que mira al nordeste y sudeste, e invernar allí. [13] Y soplando una brisa del sur, pareciéndoles que ya tenían lo que deseaban, levaron anclas e iban costeando Creta. [14] Pero no mucho después dio contra la nave un viento huracanado llamado Euroclidón. [15] Y siendo arrebatada la nave, y no pudiendo poner proa al viento, nos abandonamos a él y nos dejamos llevar. [16] Y habiendo corrido a sotavento de una pequeña isla llamada Clauda, con dificultad pudimos recoger el esquife. [17] Y una vez subido a bordo, usaron de refuerzos para ceñir la nave; y teniendo temor de dar en la Sirte, arriaron las velas y quedaron a la deriva. [18] Pero siendo combatidos por una furiosa tempestad, al siguiente día empezaron a alijar, [19] y al tercer día con nuestras propias manos arrojamos los aparejos de la nave. [20] Y no apareciendo ni sol ni estrellas por muchos días, y acosados por una tempestad no pequeña, ya habíamos perdido toda esperanza de salvarnos. [21] Entonces Pablo, como hacía ya mucho que no comíamos, puesto en pie en medio de ellos, dijo: Habría sido por cierto conveniente, oh varones, haberme oído, y no zarpar de Creta tan sólo para recibir este perjuicio y pérdida. [22] Pero ahora os exhorto a tener buen ánimo, pues no habrá ninguna pérdida de vida entre vosotros, sino solamente de la nave. [23] Porque esta noche ha estado conmigo el ángel del Dios de quien soy y a quien sirvo, [24] diciendo: Pablo, no temas; es necesario que comparezcas ante César; y he aquí, Dios te ha concedido todos los que navegan contigo. [25] Por tanto, oh varones, tened buen ánimo; porque yo confío en Dios que será así como se me ha dicho. [26] Con todo, es necesario que demos en alguna isla. [27] Venida la decimacuarta noche, y siendo llevados a través del mar Adriático, a la medianoche los marineros sospecharon que estaban cerca de tierra; [28] y echando la sonda, hallaron veinte brazas; y pasando un poco más adelante, volviendo a echar la sonda, hallaron quince brazas. [29] Y temiendo dar en escollos, echaron cuatro anclas por la popa, y ansiaban que se hiciese de día. [30] Entonces los marineros procuraron huir de la nave, y echando el esquife al mar, aparentaban como que querían largar las anclas de proa. [31] Pero Pablo dijo al centurión y a los soldados: Si éstos no permanecen en la nave, vosotros no podéis salvaros. [32] Entonces los soldados cortaron las amarras del esquife y lo dejaron perderse. [33] Cuando comenzó a amanecer, Pablo exhortaba a *todos que comiesen, diciendo: Este es el decimocuarto día que veláis y permanecéis en ayunas, sin comer nada. ³⁴ Por tanto, os ruego que comáis por vuestra salud; pues ni aun un cabello de la cabeza de ninguno de vosotros perecerá. ³⁵ Y habiendo dicho esto, tomó el pan y dio gracias a Dios en presencia de todos, y partiéndolo, comenzó a comer. ³⁶ Entonces todos, teniendo ya mejor ánimo, comieron también. ³⁷ Y éramos todas las personas en la nave doscientas setenta y seis. ³⁸ Y ya satisfechos, aligeraron la nave, echando el trigo al mar. ³⁹ Cuando se hizo de día, no reconocían la tierra, pero veían una ensenada que tenía playa, en la cual acordaron varar, si pudiesen, la nave. ⁴⁰ Cortando, pues, las anclas, las dejaron en el mar, largando también las amarras del timón; e izada al viento la vela de proa, enfilaron hacia la playa. ⁴¹ Pero dando en un lugar de dos aguas, hicieron encallar la nave; y la proa, hincada, quedó inmóvil, y la popa se abría con la violencia del mar. ⁴² Entonces los soldados acordaron matar a los presos, para que ninguno se fugase nadando. ⁴³ Pero el centurión, queriendo salvar a Pablo, les impidió este intento, y mandó que los que pudiesen nadar se echasen los primeros, y saliesen a tierra; ⁴⁴ y los demás, parte en tablas, parte en cosas de la nave. Y así aconteció que todos se salvaron saliendo a tierra.*

Preguntas de estudio

1. Al principio de esta historia ¿quién tenía más influencia? ¿Por qué?

_____

_____

_____

_____

_____

2. ¿Cómo cambió la influencia que Pablo tenía sobre el centurión, los soldados y los demás durante el transcurso de la historia? ¿Por qué cambió?

_____

_____

_____

_____

_____

_____

3. ¿Cuál fue la motivación de Pablo para liderar a los ocupantes de la nave?

_____

_____

_____

_____

_____

PERSPECTIVAS DE LIDERAZGO Y REFLEXIÓN

En los tres pasajes, ¿quién ganó influencia con el paso del tiempo? ¿Por qué? ¿Quién perdió influencia? ¿Por qué?

_____

_____

_____

_____

_____

_____

Las personas que se mencionan en estos pasajes tenían niveles diferentes de autoridad formal. Elí, sus hijos y Samuel poseían títulos y posiciones. Rahab era mujer y era prostituta, lo cual significaba que no tenía posición alguna en el mundo antiguo. Pablo —aunque era ciudadano romano— era un prisionero que los soldados podrían haber ejecutado para impedirle que escapara. El centurión tenía tanto título como posición. ¿Qué nos dicen estas diferencias en cuanto al liderazgo?

_____

_____

_____

_____

_____

_____

¿Qué nos dicen sus historias acerca de a quiénes usa Dios para marcar una diferencia?

_____

_____

_____

_____

_____

ACTÚE

Teniendo en cuenta que el liderazgo es influencia, describa el área a la que Dios le llama a liderar, porque ya tiene influencia o porque podría tenerla. ¿Qué está dispuesto a hacer con su influencia a partir de hoy? ¿Qué compromiso está preparado para adoptar con su influencia a partir de hoy? Descríbalo con tanto detalle como pueda.

_____

_____

_____

_____

_____

_____

_____

_____

_____

_____

_____

_____

_____

_____

_____

_____

Preguntas para discusión en grupo

1. ¿Cuál piensa usted que fue la tarea más difícil que tuvo que realizar Rahab desde la llegada de los espías a Jericó hasta el momento en el que los muros cayeron ante los israelitas? ¿Por qué?

2. El pasaje de 1 Samuel 2 afirma que los hijos de Elí eran unos sinvergüenzas. Obviamente, usted estaría especulando, pero ¿por qué cree que se volvieron así?

3. ¿Cómo piensa usted que Pablo logró guardar la compostura en medio de las dificultades que él y sus compañeros navegantes enfrentaron?

4. ¿Cómo manejaron el poder cuando lo obtuvieron las distintas personas de las historias? ¿Cómo reaccionó cada uno cuando estuvo en una posición débil o inferior?

5. ¿Cómo reacciona usted cuando le dan poder? ¿Y cuando está en una posición débil? ¿Por qué?

6. ¿Cuál es la enseñanza más grande que usted ha obtenido de esta lección en cuanto al liderazgo y la influencia?

7. ¿Qué acción cree usted que Dios le está pidiendo que efectúe en su liderazgo como resultado de esta lección? ¿Cuándo y cómo la llevará a cabo?

LA LEY DEL PROCESO

El liderazgo se desarrolla a diario

DEFINICIÓN DE LA LEY

Los líderes ¿nacen o se hacen? Quizás la respuesta sea «ambas cosas». Todos nacemos con ciertas habilidades naturales y dones. Y, por supuesto, algunos nacen con dones naturales de liderazgo más fuertes que otros. Afortunadamente, la capacidad de liderar —en realidad— es una colección de aptitudes, de las cuales casi todas pueden aprenderse y mejorarse. Así que, aun cuando es probable que no todos lleguen a ser *grandes* líderes, cualquiera puede llegar a ser un *mejor* líder. Sin embargo, es importante reconocer que el liderazgo tiene muchas facetas: respeto, experiencia, fortaleza emocional, habilidad para relacionarse, disciplina, visión, impulso y aprovechar los momentos oportunos. Es un conjunto complejo de habilidades, muchas de las cuales son intangibles. Desarrollarlas requiere tiempo. Y es ahí cuando la Ley del Proceso entra en juego. El liderazgo se desarrolla diariamente, no en un día.

Convertirse en líder se asemeja mucho a invertir con éxito en la bolsa de valores. Si su esperanza es ganarse una fortuna en un solo día, es probable que se decepcione. La mayoría de los inversionistas exitosos participan a largo plazo. Ellos añaden a sus inversiones de manera periódica, y con el paso del tiempo, estas tienden a aumentar.

Por desdicha, la mayoría de las personas sobrevalora la importancia de los eventos y subestima el poder de los procesos. Queremos soluciones rápidas. Queremos ganarnos el premio gordo. Deseamos el efecto acumulativo que ocurre durante cincuenta años, pero lo queremos en cincuenta minutos. Sin embargo, en el desarrollo del liderazgo no existen los ganadores de lotería ni los «operadores de un día». Lo que más importa es lo que se hace día tras día, a largo plazo.

Es por eso que un proceso es mucho más efectivo que un evento de una sola vez. Considere las diferencias entre ambos.

Evento	Proceso
Promueve las decisiones	Promueve el desarrollo
Motiva a las personas	Madura a las personas
Es un asunto temporal	Es un asunto cultural
Desafía a las personas	Cambia a las personas
Es fácil	Es difícil

El secreto de nuestro éxito puede descubrirse en nuestra agenda diaria. ¿Qué podemos ver cuando examinamos la agenda diaria de un individuo? Prioridades, pasión, habilidades, relaciones, actitudes, disciplinas personales, visión e influencia. Examine lo que una persona hace todos los días, día tras día, y sabrá quién es esa persona y en lo que se está convirtiendo. Además, el proceso de aprendizaje es continuo, resultado de la autodisciplina y la perseverancia. La meta de cada día debe ser mejorar un poco, a fin de ir edificando sobre el avance logrado ayer.

Si desea ser líder, la buena noticia es que puede serlo. Todos tenemos el potencial, pero eso no se logra de la noche a la mañana. Requiere perseverancia, y jamás se debe ignorar la Ley del Proceso. El liderazgo no se desarrolla en un día. Es un proceso de toda la vida.

CASOS DE ESTUDIO

Lea estos casos de estudio de la Biblia y responda a las preguntas subsiguientes.

① El valor del crecimiento de José como líder

Hechos 7:9-19

⁹ Los patriarcas, movidos por envidia, vendieron a José para Egipto; pero Dios estaba con él, ¹⁰ y le libró de todas sus tribulaciones, y le dio gracia y sabiduría delante de Faraón rey de Egipto, el cual lo puso por gobernador sobre Egipto y sobre toda su casa. ¹¹ Vino entonces hambre en toda la tierra de Egipto y de Canaán, y grande tribulación; y nuestros padres no hallaban alimentos. ¹² Cuando oyó Jacob que había trigo en Egipto, envió a nuestros padres la primera vez. ¹³ Y en la segunda, José se dio a conocer a sus hermanos, y fue manifestado a Faraón el linaje de José. ¹⁴ Y enviando José, hizo venir a su padre Jacob, y a toda su parentela, en número de setenta y cinco personas. ¹⁵ Así descendió Jacob a Egipto, donde murió él, y también nuestros padres; ¹⁶ los cuales fueron trasladados a Siquem, y puestos en el sepulcro que a precio de dinero compró Abraham de los hijos de Hamor en Siquem. ¹⁷ Pero cuando se acercaba el tiempo de la promesa, que Dios había jurado a Abraham, el pueblo creció y se multiplicó en Egipto, ¹⁸ hasta que se levantó en Egipto otro rey que no conocía a José. ¹⁹ Este rey, usando de astucia con nuestro pueblo, maltrató a nuestros padres, a fin de que expusiesen a la muerte a sus niños, para que no se propagasen.

Salmos 105:16-23

*¹⁶ Trajo hambre sobre la tierra,
Y quebrantó todo sustento de pan.
    ¹⁷ Envió un varón delante de ellos;
A José, que fue vendido por siervo.
    ¹⁸ Afligieron sus pies con grillos;
En cárcel fue puesta su persona.
    ¹⁹ Hasta la hora que se cumplió su palabra,
El dicho de Jehová le probó.
    ²⁰ Envió el rey, y le soltó;
El señor de los pueblos, y le dejó ir libre.
    ²¹ Lo puso por señor de su casa,
Y por gobernador de todas sus posesiones,
    ²² Para que reprimiera a sus grandes como él quisiese,
Y a sus ancianos enseñara sabiduría.
    ²³ Después entró Israel en Egipto,
Y Jacob moró en la tierra de Cam.*

Preguntas de estudio

1. ¿Cómo piensa usted que se sintió José cuando sus hermanos, llamados los patriarcas en el primer pasaje, lo vendieron como esclavo y fue llevado en cadenas a Egipto?

_____

_____

_____

_____

_____

2. La historia de José en Génesis narra que cuando era un adolescente tuvo un sueño en el cual sus hermanos y sus padres se inclinaban ante él, lo cual implicaba que él gobernaría sobre ellos. Ahora José era esclavo. ¿Qué tan cercana le habrá parecido, en ese momento, la posibilidad de convertirse en líder?

_____

_____

_____

_____

_____

3. Por más de dos décadas, en todos los lugares a los que llegó José —en la casa del capitán de la guardia de Faraón, en la prisión o en la corte de Faraón— se erigió como líder. ¿Por qué Dios hizo que José pasara por ese proceso? ¿Por qué Dios no lo elevó a José inmediatamente?

_____

_____

_____

_____

2 Moisés no pudo evadir el proceso de desarrollo

Éxodo 2:5-15

5 Y la hija de Faraón descendió a lavarse al río, y paseándose sus doncellas por la ribera del río, vio ella la arquilla en el carrizal, y envió una criada suya a que la tomase. 6 Y cuando la abrió, vio al niño; y he aquí que el niño lloraba. Y teniendo compasión de él, dijo: De los niños de los hebreos es éste. 7 Entonces su hermana dijo a la hija de Faraón: ¿Iré a llamarte una nodriza de las hebreas, para que te críe este niño? 8 Y la hija de Faraón respondió: Ve. Entonces fue la doncella, y llamó a la madre del niño, 9 a la cual dijo la hija de Faraón: Lleva a este niño y críamelo, y yo te lo pagaré. Y la mujer tomó al niño y lo crió. 10 Y cuando el niño creció, ella lo trajo a la hija de Faraón, la cual lo prohijó, y le puso por nombre Moisés, diciendo: Porque de las aguas lo saqué. 11 En aquellos días sucedió que crecido ya Moisés, salió a sus hermanos, y los vio en sus duras tareas, y observó a un egipcio que golpeaba a uno de los hebreos, sus hermanos. 12 Entonces miró a todas partes, y viendo que no parecía nadie, mató al egipcio y lo escondió en la arena. 13 Al día siguiente salió y vio a dos hebreos que reñían; entonces dijo al que maltrataba al otro: ¿Por qué golpeas a tu prójimo? 14 Y él respondió: ¿Quién te ha puesto a ti por príncipe y juez sobre nosotros? ¿Piensas matarme como mataste al egipcio? Entonces Moisés tuvo miedo, y dijo: Ciertamente esto ha sido descubierto. 15 Oyendo Faraón acerca de este hecho, procuró matar a Moisés; pero Moisés huyó de delante de Faraón, y habitó en la tierra de Madián.

Éxodo 3:1-2, 7-12

1 Apacentando Moisés las ovejas de Jetro su suegro, sacerdote de Madián, llevó las ovejas a través del desierto, y llegó hasta Horeb, monte de Dios. 2 Y se le apareció el Ángel de Jehová en una llama de fuego en medio de una zarza; y él miró, y vio que la zarza ardía en fuego, y la zarza no se consumía [...] 7 Dijo luego Jehová: Bien he visto la aflicción de mi pueblo que está en Egipto, y he oído su clamor a causa de sus exactores; pues he conocido sus angustias, 8 y he descendido para librarlos de mano de los egipcios, y sacarlos de aquella tierra a una tierra buena y ancha, a tierra que fluye leche y miel, a los lugares del cananeo, del heteo, del amorreo, del ferezeo, del heveo y del jebuseo. ⁹ El clamor, pues, de los hijos de Israel ha venido delante de mí, y también he visto la opresión con que los egipcios los oprimen. ¹⁰ Ven, por tanto, ahora, y te enviaré a Faraón, para que saques de Egipto a mi pueblo, los hijos de Israel. ¹¹ Entonces Moisés respondió a Dios: ¿Quién soy yo para que vaya a Faraón, y saque de Egipto a los hijos de Israel? ¹² Y él respondió: Ve, porque yo estaré contigo.

Preguntas de estudio

1. Moisés creció como hijo de la hija de Faraón. ¿Cómo piensa usted que eso habría formado su concepto de liderazgo?

_____

_____

_____

_____

_____

_____

_____

_____

2. ¿Por qué cree usted que Moisés mató al egipcio que golpeaba al hebreo? ¿Por qué trató de intervenir entre los dos hebreos que estaban riñendo? ¿Qué piensa usted que intentaba hacer Moisés?

_____

_____

_____

_____

_____

_____

_____

_____

_____

3. Moisés pasó muchos años en el desierto de Madián. Algunos especulan que pudo haber pasado hasta cuarenta años ahí, pero las Escrituras no nos revelan mucho de lo que le aconteció durante ese tiempo. ¿Qué cree usted que aprendió Moisés en el transcurso de ese tiempo? De haber permanecido en Egipto, ¿habría aprendido las mismas lecciones? Explique.

_____

_____

_____

_____

_____

_____

_____

4. ¿Por qué piensa usted que Moisés se mostraba reacio a sacar al pueblo de Dios de Egipto?

_____

_____

_____

_____

_____

_____

_____

❸ Pedro tardó en vivir a la altura de su nuevo nombre

Mateo 16:15-19

[15] Él les dijo: Y vosotros, ¿quién decís que soy yo? [16] Respondiendo Simón Pedro, dijo: Tú eres el Cristo, el Hijo del Dios viviente. [17] Entonces le respondió Jesús: Bienaventurado eres, Simón, hijo de Jonás, porque no te lo reveló carne ni sangre, sino mi Padre que está en los cielos. [18] Y yo también te digo, que tú eres Pedro, y sobre esta roca edificaré mi iglesia; y las puertas del Hades no prevalecerán

contra ella. *¹⁹ Y a ti te daré las llaves del reino de los cielos; y todo lo que atares en la tierra será atado en los cielos; y todo lo que desatares en la tierra será desatado en los cielos.*

Mateo 26:69-75

⁶⁹ Pedro estaba sentado fuera en el patio; y se le acercó una criada, diciendo: Tú también estabas con Jesús el galileo. ⁷⁰ Mas él negó delante de todos, diciendo: No sé lo que dices. ⁷¹ Saliendo él a la puerta, le vio otra, y dijo a los que estaban allí: También éste estaba con Jesús el nazareno. ⁷² Pero él negó otra vez con juramento: No conozco al hombre. ⁷³ Un poco después, acercándose los que por allí estaban, dijeron a Pedro: Verdaderamente también tú eres de ellos, porque aun tu manera de hablar te descubre. ⁷⁴ Entonces él comenzó a maldecir, y a jurar: No conozco al hombre. Y en seguida cantó el gallo. ⁷⁵ Entonces Pedro se acordó de las palabras de Jesús, que le había dicho: Antes que cante el gallo, me negarás tres veces. Y saliendo fuera, lloró amargamente.

Hechos 2:36-41

³⁶ Sepa, pues, ciertísimamente toda la casa de Israel, que a este Jesús a quien vosotros crucificasteis, Dios le ha hecho Señor y Cristo. ³⁷ Al oír esto, se compungieron de corazón, y dijeron a Pedro y a los otros apóstoles: Varones hermanos, ¿qué haremos? ³⁸ Pedro les dijo: Arrepentíos, y bautícese cada uno de vosotros en el nombre de Jesucristo para perdón de los pecados; y recibiréis el don del Espíritu Santo. ³⁹ Porque para vosotros es la promesa, y para vuestros hijos, y para todos los que están lejos; para cuantos el Señor nuestro Dios llamare. ⁴⁰ Y con otras muchas palabras testificaba y les exhortaba, diciendo: Sed salvos de esta perversa generación. ⁴¹ Así que, los que recibieron su palabra fueron bautizados; y se añadieron aquel día como tres mil personas.

Preguntas de estudio

1. ¿Por qué le dio Jesús a Simón el nuevo nombre de «Pedro», que significa «piedra»?

   _____

   _____

   _____

   _____

   _____

2. ¿Qué hizo que Pedro negara a Jesús, aun después de que este discípulo declarara que jamás abandonaría a su maestro?

   _____

   _____

   _____

   _____

3. ¿Cómo podemos reconciliar la diferencia entre la piedra que declaró que Jesús es el Hijo de Dios y la persona que se derrumbó bajo la presión y negó a Jesús? ¿Qué nos dice esto del liderazgo de Pedro?

   _____

   _____

   _____

   _____

4. ¿Qué cambió entre el momento en el cual Pedro negó conocer a Jesús y el día en el que Pedro predicó y miles vinieron a la fe? ¿De qué manera había crecido Pedro como líder?

   _____

   _____

   _____

   _____

Perspectivas de liderazgo y reflexión

¿Cómo piensa usted que se sintieron José, Moisés y Pedro en cuanto a tener que esperar antes de que se les confiara un rol de liderazgo? Explique.

_____

_____

_____

_____

_____

_____

_____

_____

¿Qué lecciones piensa usted que Dios quería que José, Moisés y Pedro aprendieran, de modo que pudieran estar listos para recibir sus responsabilidades de liderazgo?

_____

_____

_____

_____

_____

_____

_____

¿Qué cree usted que Dios quiere que aprenda a fin de prepararlo para el liderazgo o para hacer de usted un mejor líder?

_____

_____

_____

_____

_____

_____

_____

ACTÚE

Reflexione en lo que Dios quiere que aprenda para llegar a ser un mejor líder. Podría ser una lección o una aptitud, o podría ser un talento que requiere de desarrollo. Podría requerir que deje un mal hábito o que desarrolle buenos hábitos. ¿Qué podría hacer como *práctica diaria* durante los próximos treinta días para aprender?

_____
_____
_____
_____
_____
_____
_____
_____

¿Qué *tan pronto* podría empezar?

_____
_____
_____
_____

Escriba lo que aprendió de su experiencia a continuación:

_____
_____
_____
_____
_____
_____
_____
_____
_____
_____
_____

Preguntas para discusión en grupo

1. ¿Cómo piensa usted que se sintió José y qué tipo de crecimiento necesitaba en cada una de las siguientes etapas de su vida?

   - Cuando recibió la visión de que gobernaría sobre su familia.
   - Cuando fue vendido como esclavo.
   - Cuando estaba aprendiendo a liderar siendo esclavo.
   - Cuando Faraón lo puso a cargo de Egipto.
   - Cuando sus hermanos fueron a Egipto a rogar por alimentos.
   - Cuando toda su familia se trasladó a Egipto.

2. ¿Qué papel desempeñó Dios en el éxito del liderazgo de José, de Moisés y de Pedro? ¿Sobre qué basa su respuesta?

3. ¿Cuándo experimentó usted un tiempo particularmente satisfactorio o beneficioso de crecimiento espiritual con Dios? ¿Qué lo impulsó? ¿Cómo creció usted?

4. ¿Cuál es la experiencia más grande de aprendizaje de liderazgo que ha tenido? ¿Qué la impulsó? ¿Cómo creció usted? ¿Cómo aplicó lo que aprendió?

5. ¿Cómo sabe cuándo es momento de enfocarse en hacer crecer su liderazgo y cuándo es momento de depender de Dios y dar un paso de fe en su liderazgo?

6. ¿Cuál fue la enseñanza más grande que ha obtenido acerca del proceso de crecimiento del liderazgo en esta lección?

7. ¿Qué acción cree usted que Dios le está pidiendo que lleve a cabo en su crecimiento de liderazgo como resultado de esta lección? ¿Cuándo y cómo la llevará a cabo?

LA LEY DE LA NAVEGACIÓN

Cualquiera puede gobernar un barco, pero se necesita que un líder marque la ruta

DEFINICIÓN DE LA LEY

Imagínese que se va de vacaciones con un destino en mente, pero sin tener la menor idea de cómo llegar allá. Si el viaje es corto y no muy complicado, podría ser capaz de adivinar y —a tropezones— hallar el camino desde aquí hasta allá. Pero si el terreno le es desconocido, o si la distancia es incierta, entonces tendrá las mismas probabilidades de avanzar torpemente hasta el borde de un precipicio. Los buenos líderes de expediciones hacen más que declarar su destino; estudian el mapa y trazan una ruta. Hacen más que controlar la dirección en la que ellos y su gente marcharán; se imaginan todo el viaje antes de zarpar de puerto. Esa es la Ley de la Navegación. Casi cualquiera puede conducir el barco, pero se necesita un líder que fije el rumbo. La preparación es la clave.

A fin de prepararse para el viaje, los navegantes eficaces empiezan por aprovechar sus experiencias. Toman tiempo para mirar atrás y aplicar las lecciones aprendidas en otros viajes anteriores al que tienen por delante. Eso significa aprender no solo de las veces en las que llegaron a su destino, sino también de las ocasiones en las que fracasaron. De hecho, las lecciones de los fracasos casi siempre resultan mucho más útiles para trazar un rumbo en el futuro.

Después de examinar sus experiencias, los buenos navegantes analizan las condiciones actuales. Marcan su posición, el destino y cada giro en el trayecto. Luego consideran los problemas que podrían afectar al viaje, desde cosas tangibles tales como el terreno, la estación, el estado del tiempo, los miembros del equipo y las provisiones, hasta cosas intangibles como el momento, la moral, el impulso y la cultura. Al determinar las condiciones, los navegantes pueden pronosticar mejor el esfuerzo, los recursos y el tiempo que requerirá la travesía.

Una vez que los navegantes han examinado el pasado y el presente, hacen un examen más profundo observando fuera de sí mismos. Recopilan información de muchas fuentes. Estudian los viajes de aquellos que les han precedido. Consultan a expertos y a líderes ajenos a la organización que puedan servir como mentores. Escuchan a los miembros de sus equipos para descubrir lo que está sucediendo «en las trincheras». Al ir más allá de sus propias observaciones personales, logran obtener un cuadro más completo de dónde se encuentran y de cómo llegar a donde quieren ir.

Finalmente, después de aprender todo lo que pueden, los buenos navegantes se aseguran de que sus conclusiones representen tanto la fe como los hechos. Los líderes eficaces tienen fe en que pueden guiar a sus seguidores por todo el camino, pero también se esfuerzan por ver los hechos de manera objetiva. Entienden que no es posible minimizar los obstáculos o simplificar los desafíos y liderar de manera efectiva. Si uno no entra con los ojos bien abiertos, algo lo tomará por sorpresa.

La buena preparación hace más que ayudar al líder a crear un mapa; también transmite confianza y seguridad a los seguidores. La falta de preparación genera el efecto opuesto. Finalmente, no es el tamaño del proyecto lo que determina su aceptación, apoyo y éxito; es el tamaño del líder. Por eso digo que cualquiera puede *dirigir* el barco, pero se necesita un líder que fije el rumbo. Los líderes que son buenos navegantes son capaces de llevar a su gente a casi cualquier parte.

CASOS DE ESTUDIO

Lea estos casos de estudio de la Biblia y responda a las preguntas subsiguientes.

① El plan de ataque de Josué

Josué 8:1-19, 28

¹Jehová dijo a Josué: No temas ni desmayes; toma contigo toda la gente de guerra, y levántate y sube a Hai. Mira, yo he entregado en tu mano al rey de Hai, a su pueblo, a su ciudad y a su tierra. ² Y harás a Hai y a su rey como hiciste a Jericó y a su rey; sólo que sus despojos y sus bestias tomaréis para vosotros. Pondrás, pues, emboscadas a la ciudad detrás de ella. ³ Entonces se levantaron Josué y toda la gente de guerra, para subir contra Hai; y escogió Josué treinta mil hombres fuertes, los cuales envió de noche. ⁴ Y les mandó, diciendo: Atended, pondréis emboscada a la ciudad detrás de ella; no os alejaréis mucho de la ciudad, y estaréis todos dispuestos. ⁵ Y yo y todo el pueblo que está conmigo nos acercaremos a la ciudad; y cuando salgan ellos contra nosotros, como hicieron antes, huiremos delante de ellos. ⁶ Y ellos saldrán tras nosotros, hasta que los alejemos de la ciudad; porque dirán: Huyen de nosotros como la primera vez. Huiremos, pues, delante de ellos. ⁷ Entonces vosotros os levantaréis de la emboscada y tomaréis la ciudad; pues Jehová vuestro Dios la entregará en vuestras manos. ⁸ Y cuando la hayáis tomado, le prenderéis fuego. Haréis conforme a la palabra de Jehová; mirad que os lo he mandado. ⁹ Entonces Josué los envió; y ellos se fueron a la emboscada, y se pusieron entre Bet-el y Hai, al occidente de Hai; y Josué se quedó aquella noche en medio del pueblo. ¹⁰ Levantándose Josué muy de mañana, pasó revista al pueblo, y subió él, con los ancianos de Israel, delante del pueblo contra Hai. ¹¹ Y toda la gente de guerra que con él estaba, subió y se acercó, y llegaron delante de la ciudad, y acamparon al norte de Hai; y el valle estaba entre él y Hai. ¹² Y tomó como cinco mil hombres, y los puso en emboscada entre Bet-el y Hai, al occidente de la ciudad. ¹³ Así dispusieron al pueblo: todo el campamento al norte de la ciudad, y su emboscada al occidente de la ciudad, y Josué avanzó aquella noche hasta la mitad del valle. ¹⁴ Y aconteció que viéndolo el rey de Hai, él y su pueblo se apresuraron y madrugaron; y al tiempo señalado, los hombres de la ciudad salieron al encuentro de Israel para combatir, frente al Arabá, no sabiendo que estaba puesta emboscada a espaldas de la ciudad. ¹⁵ Entonces Josué y todo Israel se fingieron vencidos y huyeron delante de ellos por el camino del desierto. ¹⁶ Y todo el pueblo que estaba en Hai se juntó para seguirles; y siguieron a Josué, siendo así alejados de la ciudad. ¹⁷ Y no quedó hombre en Hai ni en Bet-el, que no saliera tras de Israel; y por seguir a Israel dejaron la ciudad abierta. ¹⁸ Entonces Jehová dijo a Josué: Extiende la lanza que tienes en tu mano hacia Hai, porque yo la entregaré en tu mano. Y Josué extendió hacia la ciudad la lanza que en su mano tenía. ¹⁹ Y levantándose prontamente de su lugar los que estaban en la emboscada, corrieron luego que él alzó su mano, y vinieron a la ciudad, y la tomaron, y se apresuraron a prenderle fuego [...]

²⁸ Y Josué quemó a Hai y la redujo a un montón de escombros, asolada para siempre hasta hoy.

Preguntas de estudio

1. El primer intento de los israelitas por conquistar Hai fracasó debido a que un miembro de su campamento había desobedecido a Dios. ¿Qué efecto piensa usted que tuvo eso sobre la manera de pensar de Josué como líder?

   _____

   _____

   _____

   _____

   _____

   _____

   _____

2. ¿Cuánto contribuyó Dios a la estrategia para conquistar Hai y cuánto contribuyó Josué?

   _____

   _____

   _____

   _____

   _____

   _____

   _____

3. ¿Cree usted que la batalla estaba destinada a tener un resultado positivo independientemente del liderazgo de Josué? ¿O cree usted que si Josué hubiera mostrado un liderazgo deficiente se podría haber malogrado la victoria? Explique.

   _____

   _____

   _____

   _____

   _____

   _____

   _____

② Nehemías reunió al pueblo para la reconstrucción y la defensa

Nehemías 4:7-23

7 Pero aconteció que oyendo Sanbalat y Tobías, y los árabes, los amonitas y los de Asdod, que los muros de Jerusalén eran reparados, porque ya los portillos comenzaban a ser cerrados, se encolerizaron mucho; 8 y conspiraron todos a una para venir a atacar a Jerusalén y hacerle daño. 9 Entonces oramos a nuestro Dios, y por causa de ellos pusimos guarda contra ellos de día y de noche. 10 Y dijo Judá: Las fuerzas de los acarreadores se han debilitado, y el escombro es mucho, y no podemos edificar el muro. 11 Y nuestros enemigos dijeron: No sepan, ni vean, hasta que entremos en medio de ellos y los matemos, y hagamos cesar la obra. 12 Pero sucedió que cuando venían los judíos que habitaban entre ellos, nos decían hasta diez veces: De todos los lugares de donde volviereis, ellos caerán sobre vosotros. 13 Entonces por las partes bajas del lugar, detrás del muro, y en los sitios abiertos, puse al pueblo por familias, con sus espadas, con sus lanzas y con sus arcos. 14 Después miré, y me levanté y dije a los nobles y a los oficiales, y al resto del pueblo: No temáis delante de ellos; acordaos del Señor, grande y temible, y pelead por vuestros hermanos, por vuestros hijos y por vuestras hijas, por vuestras mujeres y por vuestras casas. 15 Y cuando oyeron nuestros enemigos que lo habíamos entendido, y que Dios había desbaratado el consejo de ellos, nos volvimos todos al muro, cada uno a su tarea. 16 Desde aquel día la mitad de mis siervos trabajaba en la obra, y la otra mitad tenía lanzas, escudos, arcos y corazas; y detrás de ellos estaban los jefes de toda la casa de Judá. 17 Los que edificaban en el muro, los que acarreaban, y los que cargaban, con una mano trabajaban en la obra, y en la otra tenían la espada. 18 Porque los que edificaban, cada uno tenía su espada ceñida a sus lomos, y así edificaban; y el que tocaba la trompeta estaba junto a mí. 19 Y dije a los nobles, y a los oficiales y al resto del pueblo: La obra es grande y extensa, y nosotros estamos apartados en el muro, lejos unos de otros. 20 En el lugar donde oyereis el sonido de la trompeta, reuníos allí con nosotros; nuestro Dios peleará por nosotros. 21 Nosotros, pues, trabajábamos en la obra; y la mitad de ellos tenían lanzas desde la subida del alba hasta que salían las estrellas. 22 También dije entonces al pueblo: Cada uno con su criado permanezca dentro de Jerusalén, y de noche sirvan de centinela y de día en la obra. ²³ *Y ni yo ni mis hermanos, ni mis jóvenes, ni la gente de guardia que me seguía, nos quitamos nuestro vestido; cada uno se desnudaba solamente para bañarse.*

Preguntas de estudio

1. ¿Qué obstáculos y desafíos enfrentó Nehemías en sus esfuerzos por reconstruir los muros de Jerusalén? Nómbrelos todos, incluso los que no se mencionan explícitamente en este pasaje, pero que pueden discernirse leyendo entre líneas.

    _____

    _____

    _____

    _____

    _____

2. Examine los obstáculos que mencionó. Junto a cada uno, escriba una palabra o frase al margen que indique cómo lo resolvió Nehemías. ¿Qué nos dice su forma de manejar los problemas que enfrentó al cumplir cada tarea sobre cómo lideró y resolvió las dificultades?

    _____

    _____

    _____

    _____

    _____

3. ¿Cuál obstáculo piensa usted que potencialmente era el más difícil? ¿Por qué dio resultado la solución de Nehemías?

    _____

    _____

    _____

    _____

4. ¿Por qué Nehemías mantuvo al trompetero a su lado? ¿Qué nos dice esto acerca del liderazgo de Nehemías?

_____

_____

_____

_____

_____

_____

5. Aunque los muros de Jerusalén habían estado en ruinas por más de ciento cincuenta años, el capítulo 6 de Nehemías nos indica que la tarea de reconstrucción de los muros se finalizó en solo cincuenta y dos días. ¿Qué fue lo que posibilitó tan notable logro?

_____

_____

_____

_____

_____

③ Jesús enseñó a sus discípulos a calcular el costo

Lucas 14:28-31

[28] Porque ¿quién de vosotros, queriendo edificar una torre, no se sienta primero y calcula los gastos, a ver si tiene lo que necesita para acabarla? [29] No sea que después que haya puesto el cimiento, y no pueda acabarla, todos los que lo vean comiencen a hacer burla de él, [30] diciendo: Este hombre comenzó a edificar, y no pudo acabar. [31] ¿O qué rey, al marchar a la guerra contra otro rey, no se sienta primero y considera si puede hacer frente con diez mil al que viene contra él con veinte mil?

Preguntas de estudio

1. ¿Cuánto de lo que Jesús enseña en este pasaje es sentido común y cuánto tiene que ver con la capacidad de liderazgo?

_____

_____

_____

_____

_____

_____

_____

2. Compare los resultados negativos de una persona que no puede terminar la construcción de una torre con los de un rey que se involucra en una guerra que probablemente no podrá ganar. ¿Qué implican las diferencias en cuanto a la posición y la responsabilidad del liderazgo?

_____

_____

_____

_____

_____

_____

_____

3. ¿Qué papel juega la experiencia para calcular el costo de construir una torre o librar una guerra? Si la gente no tiene experiencia, ¿qué puede o debe hacer para compensarlo?

_____

_____

_____

_____

_____

_____

_____

PERSPECTIVAS DE LIDERAZGO Y REFLEXIÓN

Los tres componentes principales de la navegación son visión, estrategia y ejecución. ¿Cómo entran en juego cada uno de ellos en los tres pasajes de las Escrituras que se estudiaron?

_____

_____

_____

_____

_____

_____

Cuando de visión, estrategia y ejecución se trata, ¿cuál es su fortaleza más grande? ¿Por qué? ¿Cuál es su debilidad más grande? ¿Por qué?

_____

_____

_____

_____

_____

_____

ACTÚE

Para mejorar su capacidad de liderar a su equipo u organización, ¿debe desarrollar actualmente su mayor fortaleza o debe mejorar su área débil a través de crecimiento y/o reclutamiento de personal? Explique lo que hará y cuándo empezará.

_____

_____

_____

_____

_____

_____

PREGUNTAS PARA DISCUSIÓN EN GRUPO

1. Los que leen las Escrituras podrían sentirse tentados a pensar que el liderazgo siempre es fácil para aquellos líderes que han escuchado a Dios y que han recibido la certeza de que Él está con ellos. ¿Qué desafíos piensa usted que Josué enfrentó cuando atacó a Hai?

2. El primer ataque a Hai fracasó porque uno de los israelitas desobedeció a Dios al guardarse algo del botín para sí, durante la caída de Jericó. Si usted hubiera estado en lugar de Josué en esa situación, luego de aquel primer fracaso, ¿habría liderado de manera diferente? Explique.

3. Josué recibió instrucciones de Dios de que atacara a Hai. Sin embargo, la reconstrucción de los muros de Jerusalén fue un deseo de Nehemías, y no hay indicios en las Escrituras de que Dios le hubiera ordenado hacerlo. ¿Cómo piensa usted que las diferencias entre las motivaciones de estos dos hombres afectaron su liderazgo? ¿Cómo se habría diferenciado el liderazgo de usted?

4. ¿Qué nos enseña la historia de Nehemías en cuanto al liderazgo en medio de las críticas y los conflictos? ¿Cómo podría aplicar usted esa enseñanza a su situación actual?

5. Jesús habló acerca del costo de ser sus discípulos en el pasaje de Lucas. ¿Qué similitudes hay entre seguir a Jesús y liderar a otros?

6. ¿Cuál es la enseñanza más grande que ha obtenido de esta lección acerca de actuar en beneficio de otras personas?

7. ¿Qué cambios cree usted que Dios le está pidiendo que haga en su manera de liderar como resultado de esta lección? ¿Cuándo y cómo los llevará a cabo?

LECCIÓN 5

LA LEY DE LA ADICIÓN

Los líderes agregan valor sirviendo a los demás

DEFINICIÓN DE LA LEY

¿Por qué deben dirigir los líderes? Y cuando lo hacen, ¿cuál es su primera responsabilidad? Muchos ven el liderazgo de la misma manera que ven el éxito, con la esperanza de llegar lo más lejos que puedan, ascender de nivel, lograr la posición más alta posible acorde a su grado de talento. Pero contrario a las ideas convencionales, el resultado final del liderazgo no es lo mucho que logremos avanzar, sino cuánto hacemos que otros avancen. Esto se logra sirviendo a los demás y agregando valor a su vida.

La interacción entre todo líder y seguidor es una relación, y todas las relaciones agregan o restan de la vida de una persona. Si usted es líder, estará haciendo un impacto positivo o negativo en aquellos a quienes dirige. ¿Cómo puede saber qué clase de impacto tiene? Hay una pregunta crucial que responde a eso:

¿Está haciendo que las cosas sean mejores para aquellos que le siguen?

Eso es todo. Si no puede responder con un sí, sin titubeos, y proporcionar pruebas que respalden dicha respuesta, entonces usted bien pudiera ser uno de los que sustrae. La mayoría de estos individuos no se percatan de que eso es lo que están haciéndoles a los demás. No es intencionado. Los líderes que agregan valor a otros lo hacen intencionalmente. Se salen de su zona de comodidad y optan por actuar de manera desinteresada cada día. Los que restan de los demás terminan dividiendo su impacto. Los que agregan valor a otros lo multiplican.

Las personas que marcan la diferencia más grande parecen comprender eso. Muchos ganadores de premios Nobel de la Paz, como Albert Schweitzer, Martin Luther King, hijo; la Madre Teresa y el obispo Desmond Tutu se interesaban menos en su posición y más en el impacto que hacían en los demás. Se esforzaban por hacer que las cosas mejoraran, por agregar valor a las vidas de las personas. No se proponían recibir un premio; deseaban participar de un servicio noble hacia sus semejantes. La mentalidad de siervo permeó su manera de pensar. El mejor lugar para un líder no siempre es la posición superior. No es el lugar más prominente o de mayor poder. Es el lugar en donde él o ella puedan servir mejor y agregar el valor máximo a otras personas.

Los líderes que agregan valor empiezan por apreciar a los demás. Ven el valor en otros que quizás ni ellos mismos hayan visto y lo comunican por medio de sus palabras y sus acciones. También se hacen a sí mismos más valiosos. Son intencionados en cuanto a su aprendizaje y su crecimiento, de manera que siempre tienen algo que ofrecer a sus seguidores. Saben lo que los demás valoran y se identifican con ello siendo excelentes oidores. Escuchan, aprenden y luego lideran. Como resultado de ello, todos ganan: la organización, el líder y los seguidores.

Más importante aún, los líderes que añaden valor hacen las cosas que Dios valora. Dios desea que no solo tratemos a los demás con respeto, sino que busquemos —de manera activa— conectarnos con ellos y servirles.

Esa norma de conducta debiera influir todo lo que el líder hace, porque cuanto más poder tenemos, mayor es nuestro impacto en los demás, para bien o para mal. Cuando uno se esfuerza por levantar a sus seguidores, ayudarlos a avanzar, hacerlos parte de algo más grande que ellos mismos y ayudarles a ser las personas que debieran ser, les estamos agregando valor. Y esa es la clave de la Ley de la Adición.

CASOS DE ESTUDIO

Lea estos casos de estudio de la Biblia y responda a las preguntas subsiguientes.

1 Abraham tomó el camino alto

Génesis 13:1-12

1 Subió, pues, Abram de Egipto hacia el Neguev, él y su mujer, con todo lo que tenía, y con él Lot.

2 Y Abram era riquísimo en ganado, en plata y en oro.

3 Y volvió por sus jornadas desde el Neguev hacia Bet-el, hasta el lugar donde había estado antes su tienda entre Bet-el y Hai, 4 al lugar del altar que había hecho allí antes; e invocó allí Abram el nombre de Jehová.

5 También Lot, que andaba con Abram, tenía ovejas, vacas y tiendas.

6 Y la tierra no era suficiente para que habitasen juntos, pues sus posesiones eran muchas, y no podían morar en un mismo lugar.

7 Y hubo contienda entre los pastores del ganado de Abram y los pastores del ganado de Lot; y el cananeo y el ferezeo habitaban entonces en la tierra.

8 Entonces Abram dijo a Lot: No haya ahora altercado entre nosotros dos, entre mis pastores y los tuyos, porque somos hermanos.

9 ¿No está toda la tierra delante de ti? Yo te ruego que te apartes de mí. Si fueres a la mano izquierda, yo iré a la derecha; y si tú a la derecha, yo iré a la izquierda.

10 Y alzó Lot sus ojos, y vio toda la llanura del Jordán, que toda ella era de riego, como el huerto de Jehová, como la tierra de Egipto en la dirección de Zoar, antes que destruyese Jehová a Sodoma y a Gomorra.

11 Entonces Lot escogió para sí toda la llanura del Jordán; y se fue Lot hacia el oriente, y se apartaron el uno del otro.

12 Abram acampó en la tierra de Canaán, en tanto que Lot habitó en las ciudades de la llanura, y fue poniendo sus tiendas hasta Sodoma.

Preguntas de estudio

1. ¿Qué motivación piensa usted que tuvo Abram para sugerirle a su sobrino Lot que se separaran?

_____

_____

_____

_____

_____

_____

_____

_____

2. Cuando Abram le sugirió a Lot que se separaran, no intentó influir sobre la decisión de cuál tierra elegir ni intentó dividir las cosas equitativamente de antemano, sino que le permitió a Lot que hiciera lo que quisiera. ¿Qué piensa usted de eso como estrategia de liderazgo? Explique.

_____

_____

_____

_____

_____

3. Pareciera ser que Lot escogió el territorio más ventajoso, ya que el agua era sumamente apreciada en esa parte del mundo. Si usted hubiera sido el líder en esa situación, ¿cómo habría respondido a eso? ¿Por qué cree usted que Abram no presentó ninguna objeción?

_____

_____

_____

_____

_____

② Jesús dio una nueva definición de liderazgo

Marcos 10:35-45

35 Entonces Jacobo y Juan, hijos de Zebedeo, se le acercaron, diciendo: Maestro, querríamos que nos hagas lo que pidiéremos.

36 Él les dijo: ¿Qué queréis que os haga?

37 Ellos le dijeron: Concédenos que en tu gloria nos sentemos el uno a tu derecha, y el otro a tu izquierda.

38 Entonces Jesús les dijo: No sabéis lo que pedís. ¿Podéis beber del vaso que yo bebo, o ser bautizados con el bautismo con que yo soy bautizado?

39 Ellos dijeron: Podemos. Jesús les dijo: A la verdad, del vaso que yo bebo, beberéis, y con el bautismo con que yo soy bautizado, seréis bautizados; 40 pero el sentaros a mi derecha y a mi izquierda, no es mío darlo, sino a aquellos para quienes está preparado.

41 Cuando lo oyeron los diez, comenzaron a enojarse contra Jacobo y contra Juan.

42 Mas Jesús, llamándolos, les dijo: Sabéis que los que son tenidos por gobernantes de las naciones se enseñorean de ellas, y sus grandes ejercen sobre ellas potestad.

43 Pero no será así entre vosotros, sino que el que quiera hacerse grande entre vosotros será vuestro servidor, 44 y el que de vosotros quiera ser el primero, será siervo de todos.

45 Porque el Hijo del Hombre no vino para ser servido, sino para servir, y para dar su vida en rescate por muchos.

Preguntas de estudio

1. ¿Cuál fue la motivación de Jacobo y Juan tras la petición que le hicieron a Jesús?

2. ¿Cree usted que Jacobo y Juan consideraron detenidamente lo que Jesús les había preguntado antes de responder: «Podemos», o cree usted que respondieron rápidamente sin pensarlo? ¿Cree usted que su manera de pensar cambió luego de que Jesús les dijera que así sería? Explique.

3. ¿Por qué cree usted que los otros diez discípulos se enojaron con Jacobo y Juan?

4. Jesús sugirió que uno vuelve «grande» al ser siervo. ¿Cómo es eso posible?

_____

_____

_____

_____

_____

_____

_____

_____

_____

_____

❸ Pablo promovió la idea de poner a otros primero

Filipenses 2:1-11

1 Por tanto, si hay alguna consolación en Cristo, si algún consuelo de amor, si alguna comunión del Espíritu, si algún afecto entrañable, si alguna misericordia, 2 completad mi gozo, sintiendo lo mismo, teniendo el mismo amor, unánimes, sintiendo una misma cosa.

3 Nada hagáis por contienda o por vanagloria; antes bien con humildad, estimando cada uno a los demás como superiores a él mismo; 4 no mirando cada uno por lo suyo propio, sino cada cual también por lo de los otros.

5 Haya, pues, en vosotros este sentir que hubo también en Cristo Jesús, 6 el cual, siendo en forma de Dios, no estimó el ser igual a Dios como cosa a que aferrarse, 7 sino que se despojó a sí mismo, tomando forma de siervo, hecho semejante a los hombres; 8 y estando en la condición de hombre, se humilló a sí mismo, haciéndose obediente hasta la muerte, y muerte de cruz.

9 Por lo cual Dios también le exaltó hasta lo sumo, y le dio un nombre que es sobre todo nombre, 10 para que en el nombre de Jesús se doble toda rodilla de los que están en los cielos, y en la tierra, y debajo de la tierra; 11 y toda lengua confiese que Jesucristo es el Señor, para gloria de Dios Padre.

Preguntas de estudio

1. Jesús tenía posición y poder como Dios, pero se humilló a sí mismo y se hizo nada. ¿Por qué lo hizo?

_____

_____

_____

_____

_____

_____

_____

2. Este pasaje dice que Jesús tomó forma de siervo. ¿Qué diferencias hay entre alguien que sirve a los demás y alguien que asume la naturaleza misma de un siervo?

_____

_____

_____

_____

_____

_____

3. ¿Tener posición y poder hace que sea más fácil o más difícil servir a otros? Explique.

_____

_____

_____

_____

_____

_____

4. ¿Qué diferencias existen entre los que usan el liderazgo para su propia ventaja y los que lo usan para ayudar y servir a otros?

_____

_____

_____

_____

_____

_____

5. ¿Qué pueden hacer los líderes para evitar ser líderes egoístas?

_____

_____

_____

_____

_____

_____

PERSPECTIVAS DE LIDERAZGO
Y REFLEXIÓN

En la temporada y la situación en que usted vive actualmente, ¿cómo puede usar la posición y el poder que tiene para servir mejor a los demás, en especial a los que usted lidera?

_____

_____

_____

_____

_____

_____

_____

¿Qué actitudes, objetivos y acciones debe cambiar para ser más humilde y obediente, como lo era Jesús?

_____

_____

_____

_____

_____

_____

_____

_____

_____

ACTÚE

¿Qué acciones específicas efectuará esta semana para servir a las personas a quienes lidera y así agregarles valor?

_____

_____

_____

_____

_____

_____

_____

_____

_____

_____

_____

_____

_____

_____

Preguntas para discusión en grupo

1. En vez de la forma que escogió, ¿qué otros métodos podría haber usado Abram para resolver el conflicto causado porque la tierra no podía acoger los rebaños suyos y los de Lot? ¿Cómo habría manejado usted la situación? Explique.

2. En nuestra cultura actual, la ambición es vista como algo bueno. ¿Por qué Jesús frustró la ambición de Jacobo y de Juan en cuanto a sentarse al lado de Él en su gloria?

3. Las afirmaciones de Jesús de que, para ser grande, hay que servir y que para ser el primero, hay que ser siervo de todos implican que podría haber grados de servicio y de recompensas por ello. ¿Cómo interpretaría usted esta idea?

4. ¿Cómo impacta el nivel de seguridad emocional de un líder en su disposición a servir a otros?

5. ¿Qué pueden hacer los líderes para desarrollar más seguridad y estar más dispuestos a servir?

6. ¿Cuál fue la enseñanza más importante que ha recibido acerca de agregar valor a las personas en esta lección?

7. ¿Qué cambios en su liderazgo cree usted que Dios le está pidiendo que haga como resultado de esta lección? ¿Cuándo y cómo lo hará?

LECCIÓN 6

LA LEY DEL TERRENO FIRME

La confianza es el fundamento del liderazgo

DEFINICIÓN DE LA LEY

¿Qué importancia tiene la confianza para un líder? Es *lo más importante*. Es el fundamento del liderazgo. Es el pegamento que mantiene unida a la organización. Siempre que lidera personas, esencialmente ellas aceptan emprender un viaje con usted. Solo accederán a unirse al viaje si confían en el líder. Y continuarán siguiéndole solamente si continúan confiando en él. La confianza hace posible el liderazgo. Esa es la Ley del Terreno Firme.

¿Cómo desarrolla la confianza un líder? Lo hace al mostrar competencia, conexión y, sobre todo, carácter. Las personas perdonan los ocasionales errores de ejecución, sobre todo si pueden ver que el líder continúa creciendo. Y le darán tiempo para establecer conexiones. Pero no confiarán en alguien que muestra tener fallas de carácter.

El buen carácter es el factor más importante para edificar la confianza. Comunica varias cosas a los seguidores:

Coherencia: No se puede contar continuamente con líderes sin carácter porque su capacidad de desempeño no es confiable. Si su gente no sabe qué esperar de usted como líder, llegará el momento en que no buscarán su liderazgo.

Potencial: la debilidad de carácter es limitante. ¿Quién cree usted que tiene mayor potencial para lograr sueños grandes y tener un impacto positivo sobre los demás: alguien franco, disciplinado y trabajador, o alguien deshonesto, impulsivo y perezoso? El talento por sí solo no basta. Debe venir reforzado por el carácter si el individuo aspira a llegar lejos. Además, cuando un líder tiene carácter firme las personas confían en él y en la capacidad que tenga de liberar su potencial. Eso no solo da esperanza para el futuro a los seguidores, sino que promueve una confianza fuerte en sí mismos y en su organización.

Respeto: cuando no tiene carácter en el interior, no puede ganarse el respeto de quienes le rodean. El respeto depende de la confianza. Crece cuando los líderes toman decisiones acertadas, reconocen sus errores y anteponen los intereses de los seguidores y de la organización a su agenda personal.

La confianza es el fundamento del liderazgo. Otra forma de describirlo es como dinero en el bolsillo del líder. Cada vez que toma una decisión acertada de liderazgo, gana más dinero. Cada vez que toma una decisión mala, paga cierta cantidad del dinero a la gente. Todas las personas tienen cierta cantidad de dinero en el bolsillo cuando inician una nueva posición de liderazgo. Lo que hagan o aumenta ese dinero o lo agota. Si los líderes toman una mala decisión tras otra, pagan de su dinero vez tras vez. Luego, un día, después de tomar la última mala decisión, de modo repentino e irreparable, se quedan sin dinero. Ni siquiera importa si el último desacierto fue grande o pequeño. Al llegar a ese punto, ya es tarde. Cuando se le acaba el dinero, ya no es líder. En contraste, los líderes que toman buenas decisiones coherentemente y registran aciertos para la organización aumentan su dinero. De modo que, aun cuando cometan un error grande, todavía les queda bastante dinero. Cuando los líderes se mantienen en la Ley del Terreno firme, las personas confían en ellos y les siguen.

CASOS DE ESTUDIO

Lea estos casos de estudio de la Biblia y responda a las preguntas subsiguientes.

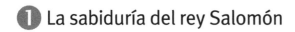 **1** La sabiduría del rey Salomón

Proverbios 16:8-18

> [8] *Mejor es lo poco con justicia*
>   *Que la muchedumbre de frutos sin derecho.*
> [9] *El corazón del hombre piensa su camino;*
>   *Mas Jehová endereza sus pasos.*

10 *Oráculo hay en los labios del rey;*
En juicio no prevaricará su boca.
11 *Peso y balanzas justas son de Jehová;*
Obra suya son todas las pesas de la bolsa.
12 *Abominación es a los reyes hacer impiedad,*
Porque con justicia será afirmado el trono.
13 *Los labios justos son el contentamiento de los reyes,*
Y éstos aman al que habla lo recto.
14 *La ira del rey es mensajero de muerte;*
Mas el hombre sabio la evitará.
15 *En la alegría del rostro del rey está la vida,*
Y su benevolencia es como nube de lluvia tardía.
16 *Mejor es adquirir sabiduría que oro preciado;*
Y adquirir inteligencia vale más que la plata.
17 *El camino de los rectos se aparta del mal;*
Su vida guarda el que guarda su camino.
18 *Antes del quebrantamiento es la soberbia,*
Y antes de la caída la altivez de espíritu.

Preguntas de estudio

1. ¿Cuáles son las implicaciones —para el liderazgo— de la afirmación del autor que dice que es mejor lo poco con justicia que la abundancia sin derecho?

_____

_____

_____

_____

2. ¿Qué características se les adjudican a los reyes en este pasaje? Mencione tantas como pueda encontrar.

_____

_____

_____

_____

_____

3. ¿Describen estas características solo a reyes, a todos los líderes o se refieren a lo que el líder ideal *debiera ser*? Explique.

_____

_____

_____

_____

_____

_____

4. ¿Cómo puede alguien adquirir estas características?

_____

_____

_____

_____

_____

_____

_____

❷ El carácter se desarrolla de de adentro hacia afuera

Mateo 23:1-7, 25-28

¹ Entonces habló Jesús a la gente y a sus discípulos, diciendo: ² En la cátedra de Moisés se sientan los escribas y los fariseos.

³ Así que, todo lo que os digan que guardéis, guardadlo y hacedlo; mas no hagáis conforme a sus obras, porque dicen, y no hacen.

⁴ Porque atan cargas pesadas y difíciles de llevar, y las ponen sobre los hombros de los hombres; pero ellos ni con un dedo quieren moverlas.

⁵ Antes, hacen todas sus obras para ser vistos por los hombres. Pues ensanchan sus filacterias, y extienden los flecos de sus mantos; ⁶ y aman los primeros asientos en las cenas, y las primeras sillas en las sinagogas, ⁷ y las salutaciones en las plazas, y que los hombres los llamen: Rabí, Rabí. [...]

²⁵ ¡Ay de vosotros, escribas y fariseos, hipócritas! porque limpiáis lo de fuera del vaso y del plato, pero por dentro estáis llenos de robo y de injusticia.

²⁶ ¡Fariseo ciego! Limpia primero lo de dentro del vaso y del plato, para que también lo de fuera sea limpio.

²⁷ ¡Ay de vosotros, escribas y fariseos, hipócritas! porque sois semejantes a sepulcros blanqueados, que por fuera, a la verdad, se muestran hermosos, mas por dentro están llenos de huesos de muertos y de toda inmundicia.

²⁸ Así también vosotros por fuera, a la verdad, os mostráis justos a los hombres, pero por dentro estáis llenos de hipocresía e iniquidad.

Preguntas de estudio

1. ¿Cuál era la motivación de los escribas y los fariseos?

2. ¿Por qué cree usted que ellos fijaban expectativas difíciles a los demás?

3. En su opinión, ¿cree usted que las personas confiaban en los escribas y los fariseos antes de que Jesús señalara su hipocresía? ¿Y qué de después? Explique.

4. Jesús dejó claro que las personas no debían seguir el ejemplo de esos líderes hipócritas, pero ¿por qué les dijo que les obedecieran?

_____

_____

_____

_____

_____

_____

5. Cuando las personas tienen líderes que no «practican lo que predican», ¿qué sucede con la gente? ¿Qué sucede con los líderes? ¿Qué sucede con el equipo o la organización? ¿Qué tan eficaces son los resultados?

_____

_____

_____

_____

_____

_____

③ Pedro da instrucciones

1 Pedro 5:1-11

¹ Ruego a los ancianos que están entre vosotros, yo anciano también con ellos, y testigo de los padecimientos de Cristo, que soy también participante de la gloria que será revelada: ² Apacentad la grey de Dios que está entre vosotros, cuidando de ella, no por fuerza, sino voluntariamente; no por ganancia deshonesta, sino con ánimo pronto; ³ no como teniendo señorío sobre los que están a vuestro cuidado, sino siendo ejemplos de la grey.

⁴ Y cuando aparezca el Príncipe de los pastores, vosotros recibiréis la corona incorruptible de gloria.

⁵ Igualmente, jóvenes, estad sujetos a los ancianos; y todos, sumisos unos a otros, revestíos de humildad; porque:

Dios resiste a los soberbios,

Y da gracia a los humildes.

⁶ Humillaos, pues, bajo la poderosa mano de Dios, para que él os exalte cuando fuere tiempo; ⁷ echando toda vuestra ansiedad sobre él, porque él tiene cuidado de vosotros.

⁸ Sed sobrios, y velad; porque vuestro adversario el diablo, como león rugiente, anda alrededor buscando a quien devorar; ⁹ al cual resistid firmes en la fe, sabiendo que los mismos padecimientos se van cumpliendo en vuestros hermanos en todo el mundo.

¹⁰ Mas el Dios de toda gracia, que nos llamó a su gloria eterna en Jesucristo, después que hayáis padecido un poco de tiempo, él mismo os perfeccione, afirme, fortalezca y establezca.

¹¹ A él sea la gloria y el imperio por los siglos de los siglos. Amén.

Preguntas de estudio

1. Pedro empieza diciendo que es un anciano hablándole a otros ancianos. ¿Por qué lo hace?

2. ¿Cuáles son las características que Pedro sugiere que deberían poseer los líderes? ¿Cómo pueden ellos desarrollar confianza?

3. ¿Por qué Pedro les dice a los líderes que echen sus ansiedades sobre Dios? ¿Qué tipo de cosas hacen los líderes cuando sienten ansiedad?

4. Pablo instruye a los líderes a someterse bajo la poderosa mano de Dios para que Él los exalte en su momento. ¿Cómo impactaría esto las actitudes de los líderes y su enfoque para liderar a otros?

_____

_____

_____

_____

PERSPECTIVAS DE LIDERAZGO Y REFLEXIÓN

Los tres pasajes de esta lección contienen consejos sobre liderazgo de parte de un líder experimentado a otros líderes. ¿Qué tienen en común estos pasajes?

_____

_____

_____

_____

_____

_____

¿Qué instrucción o consejo sobre el liderazgo le tocó la fibra sensible? ¿Qué ha hecho recientemente o hace actualmente que socava la confianza de las personas que lidera en lugar de fortalecerla?

_____

_____

_____

_____

_____

_____

Actúe

¿Qué acciones específicas hará esta semana para corregir las áreas en las que está socavando la confianza? ¿Necesita pedirle perdón a alguien? ¿Necesita corregir algo? ¿Necesita confesar un pecado habitual a un compañero al que le rinde cuentas? ¿Necesita dejar un hábito?

_____
_____
_____
_____
_____
_____
_____
_____
_____
_____

¿Qué hará usted?

_____
_____
_____
_____
_____
_____
_____
_____
_____
_____

¿Cuándo lo hará?   Fecha: _____

PREGUNTAS PARA DISCUSIÓN EN GRUPO

1. ¿Alguna vez ha trabajado con un líder en quien no podía confiar? ¿Qué hizo el líder? ¿Cómo le impactó? ¿Cuál fue el resultado final para usted y para el equipo?

2. ¿Cambia la importancia de desarrollar confianza, o se hace más o menos importante, cuando alguien ocupa una posición formal de liderazgo tal como un rey, un maestro, un anciano o un líder designado? Explique su respuesta.

3. ¿Cuál es la manera más rápida de desarrollar la confianza de la gente que le sigue?

4. ¿Existe una conexión entre su fe, su obediencia a Cristo y el rol de liderazgo que tiene sobre otros? En caso afirmativo, ¿cuál es? En caso contrario, ¿debieran tenerla?

5. ¿Con cuál de estos tres pasajes se identificó más usted y por qué?

6. ¿Hay algún área de su vida en la cual no esté practicando lo que predica? En caso afirmativo, ¿por qué tiene luchas en esa área? ¿De qué forma le afecta negativamente?

7. ¿Qué acción o cambio desea Dios de usted como resultado de lo que ha aprendido en esta lección? ¿Cuándo y cómo lo hará?

LECCIÓN 7

LA LEY DEL RESPETO

Por naturaleza, la gente sigue a los líderes que son más fuertes que ellos mismos

DEFINICIÓN DE LA LEY

Existen solo unas pocas situaciones en las cuales las personas, voluntariamente, seguirán a un líder que consideren más débil que ellas. Quizás respeten la reputación o los logros previos de ese líder. O podrían tenerle respeto a la cadena de mando. Pero aun en esos casos, la voluntad de seguirle no perdura. Con el tiempo le seguirán de mala gana o dejarán de seguirle del todo. Eso se debe a que, por naturaleza, la gente sigue a los líderes más fuertes. Esa es la Ley del Respeto.

Queremos seguir a las personas que respetamos. Los individuos que son líderes de nivel ocho (en una escala de diez) no buscan seguir a un seis. Naturalmente seguirán a alguien cuyo nivel sea nueve o diez. Los que tienen menor capacidad tienden a seguir a los que tienen una mayor capacidad o mejores dones.

Observe lo que sucede cuando las personas se reúnen en un grupo por primera vez. Al principio, los miembros del grupo hacen movidas tentativas en direcciones diferentes. Pero a medida que continúan interactuando, las voces de aquellos que tienen más habilidad para el liderazgo empiezan a sobresalir. Y los demás instintivamente empiezan a respetar sus opiniones. No pasa mucho tiempo antes de que todos estén escuchando y siguiendo al líder o a los líderes más fuertes del grupo.

¿Qué hace que esos líderes sobresalgan entre los demás? ¿Qué hace que una persona respete y siga a otra? Creo que los factores dados a continuación entran en juego:

Capacidad natural de liderazgo: reconozcámoslo; hay unos que nacen con más capacidad en esta área que otros. No todos los líderes son creados iguales. Algunos sobresalen naturalmente. Pero el talento por sí solo no basta.

Respeto por los demás: algunos que quisieran ser líderes tratan de mandar al grupo, pero no son los que los demás buscan. Los líderes que otros quieren seguir empiezan por mostrarles respeto a todos.

Valentía: tendemos a seguir a la persona del grupo que representa algo. Cuando alguien habla con valentía y convicción, se gana el respeto del grupo. Y cuando avanza como punta de lanza, otros le siguen.

Éxito: es difícil cuestionar antecedentes buenos. Cuando alguien demuestra éxito o pericia en algún área, otros tienden a buscarle. Creemos en su capacidad de volverlo a lograr y le seguimos porque queremos ser parte de su éxito futuro.

Lealtad: en una era de agentes libres, cambios y transiciones frecuentes, la dedicación es un factor valioso. Las personas tienden a seguir a alguien que ha demostrado que persevera en una tarea hasta cumplirla, aun cuando el camino sea difícil.

Si los demás se muestran reacios a seguirle, es posible que tengan un nivel de liderazgo superior al suyo. Esto crea una situación difícil. Si usted es un líder de nivel siete, los que son de nivel ocho, nueve o diez probablemente no querrán seguirle, no importa lo persuasiva que sea su visión o su plan. Eso se debe a la Ley del Respeto. Gústele o no, sencillamente es así como funciona el liderazgo.

¿Qué puede hacerse al respecto? Conviértase en un mejor líder. Siempre hay esperanza para un líder que busca crecer. Los individuos que por naturaleza son un nivel siete quizás nunca lleguen a ser un diez, pero podrían llegar a ser un nueve. Siempre hay espacio para crecer. Y cuanto más crezca, mejores serán las personas a las que atraiga. ¿Por qué? Porque las personas por naturaleza siguen al líder más fuerte.

CASOS DE ESTUDIO

Lea estos casos de estudio de la Biblia y responda a las preguntas subsiguientes.

❶ El respeto al líder

Jueces 4:1-16

¹ *Después de la muerte de Aod, los hijos de Israel volvieron a hacer lo malo ante los ojos de Jehová.*

² Y Jehová los vendió en mano de Jabín rey de Canaán, el cual reinó en Hazor; y el capitán de su ejército se llamaba Sísara, el cual habitaba en Haroset-goim.

³ Entonces los hijos de Israel clamaron a Jehová, porque aquél tenía novecientos carros herrados, y había oprimido con crueldad a los hijos de Israel por veinte años.

⁴ Gobernaba en aquel tiempo a Israel una mujer, Débora, profetisa, mujer de Lapidot; ⁵ y acostumbraba sentarse bajo la palmera de Débora, entre Ramá y Betel, en el monte de Efraín; y los hijos de Israel subían a ella a juicio.

⁶ Y ella envió a llamar a Barac hijo de Abinoam, de Cedes de Neftalí, y le dijo: ¿No te ha mandado Jehová Dios de Israel, diciendo: Ve, junta a tu gente en el monte de Tabor, y toma contigo diez mil hombres de la tribu de Neftalí y de la tribu de Zabulón; ⁷ y yo atraeré hacia ti al arroyo de Cisón a Sísara, capitán del ejército de Jabín, con sus carros y su ejército, y lo entregaré en tus manos?

⁸ Barac le respondió: Si tú fueres conmigo, yo iré; pero si no fueres conmigo, no iré.

⁹ Ella dijo: Iré contigo; mas no será tuya la gloria de la jornada que emprendes, porque en mano de mujer venderá Jehová a Sísara. Y levantándose Débora, fue con Barac a Cedes.

¹⁰ Y juntó Barac a Zabulón y a Neftalí en Cedes, y subió con diez mil hombres a su mando; y Débora subió con él.

¹¹ Y Heber ceneo, de los hijos de Hobab suegro de Moisés, se había apartado de los ceneos, y había plantado sus tiendas en el valle de Zaanaim, que está junto a Cedes.

¹² Vinieron, pues, a Sísara las nuevas de que Barac hijo de Abinoam había subido al monte de Tabor.

¹³ Y reunió Sísara todos sus carros, novecientos carros herrados, con todo el pueblo que con él estaba, desde Haroset-goim hasta el arroyo de Cisón.

¹⁴ Entonces Débora dijo a Barac: Levántate, porque este es el día en que Jehová ha entregado a Sísara en tus manos. ¿No ha salido Jehová delante de ti? Y Barac descendió del monte de Tabor, y diez mil hombres en pos de él.

¹⁵ Y Jehová quebrantó a Sísara, a todos sus carros y a todo su ejército, a filo de espada delante de Barac; y Sísara descendió del carro, y huyó a pie.

¹⁶ Mas Barac siguió los carros y el ejército hasta Haroset-goim, y todo el ejército de Sísara cayó a filo de espada, hasta no quedar ni uno.

Preguntas de estudio

1. ¿Por qué piensa usted que Barac estaba reacio a ir a la batalla sin Débora?

   _____

   _____

   _____

   _____

2. ¿Qué tan inusual piensa usted que era en esa época que una mujer estuviera liderando a una nación como la de Israel? ¿Qué nos dice esto acerca del nivel de liderazgo de Débora?

   _____

   _____

   _____

   _____

3. Dios se merece el crédito de la victoria porque Él les dijo a los israelitas que iba a entregar a los cananeos en sus manos para derrotarles. Pero ¿cuál de los líderes desempeñó un papel mayor en el cumplimiento de lo que Dios quería lograr, Débora o Barac?

   _____

   _____

   _____

   _____

❷ La lealtad del príncipe

1 Samuel 20:1-13, 16-17, 24-31

¹ Después David huyó de Naiot en Ramá, y vino delante de Jonatán, y dijo: ¿Qué he hecho yo? ¿Cuál es mi maldad, o cuál mi pecado contra tu padre, para que busque mi vida?

² Él le dijo: En ninguna manera; no morirás. He aquí que mi padre ninguna cosa hará, grande ni pequeña, que no me la descubra; ¿por qué, pues, me ha de encubrir mi padre este asunto? No será así.

³ Y David volvió a jurar diciendo: Tu padre sabe claramente que yo he hallado gracia delante de tus ojos, y dirá: No sepa esto Jonatán, para que no se entristezca; y ciertamente, vive Jehová y vive tu alma, que apenas hay un paso entre mí y la muerte.

⁴ Y Jonatán dijo a David: Lo que deseare tu alma, haré por ti.

⁵ Y David respondió a Jonatán: He aquí que mañana será nueva luna, y yo acostumbro sentarme con el rey a comer; mas tú dejarás que me esconda en el campo hasta la tarde del tercer día.

⁶ Si tu padre hiciere mención de mí, dirás: Me rogó mucho que lo dejase ir corriendo a Belén su ciudad, porque todos los de su familia celebran allá el sacrificio anual.

⁷ Si él dijere: Bien está, entonces tendrá paz tu siervo; mas si se enojare, sabe que la maldad está determinada de parte de él.

⁸ Harás, pues, misericordia con tu siervo, ya que has hecho entrar a tu siervo en pacto de Jehová contigo; y si hay maldad en mí, mátame tú, pues no hay necesidad de llevarme hasta tu padre.

⁹ Y Jonatán le dijo: Nunca tal te suceda; antes bien, si yo supiere que mi padre ha determinado maldad contra ti, ¿no te lo avisaría yo?

¹⁰ Dijo entonces David a Jonatán: ¿Quién me dará aviso si tu padre te respondiere ásperamente?

¹¹ Y Jonatán dijo a David: Ven, salgamos al campo. Y salieron ambos al campo.

¹² Entonces dijo Jonatán a David: ¡Jehová Dios de Israel, sea testigo! Cuando le haya preguntado a mi padre mañana a esta hora, o el día tercero, si resultare bien para con David, entonces enviaré a ti para hacértelo saber.

¹³ Pero si mi padre intentare hacerte mal, Jehová haga así a Jonatán, y aun le añada, si no te lo hiciere saber y te enviare para que te vayas en paz. Y esté Jehová contigo, como estuvo con mi padre.

¹⁶ Así hizo Jonatán pacto con la casa de David, diciendo: Requiéralo Jehová de la mano de los enemigos de David.

¹⁷ Y Jonatán hizo jurar a David otra vez, porque le amaba, pues le amaba como a sí mismo.

24 David, pues, se escondió en el campo, y cuando llegó la nueva luna, se sentó el rey a comer pan.

25 Y el rey se sentó en su silla, como solía, en el asiento junto a la pared, y Jonatán se levantó, y se sentó Abner al lado de Saúl, y el lugar de David quedó vacío.

26 Mas aquel día Saúl no dijo nada, porque se decía: Le habrá acontecido algo, y no está limpio; de seguro no está purificado.

27 Al siguiente día, el segundo día de la nueva luna, aconteció también que el asiento de David quedó vacío. Y Saúl dijo a Jonatán su hijo: ¿Por qué no ha venido a comer el hijo de Isaí hoy ni ayer?

28 Y Jonatán respondió a Saúl: David me pidió encarecidamente que le dejase ir a Belén, 29 diciendo: Te ruego que me dejes ir, porque nuestra familia celebra sacrificio en la ciudad, y mi hermano me lo ha mandado; por lo tanto, si he hallado gracia en tus ojos, permíteme ir ahora para visitar a mis hermanos. Por esto, pues, no ha venido a la mesa del rey.

30 Entonces se encendió la ira de Saúl contra Jonatán, y le dijo: Hijo de la perversa y rebelde, ¿acaso no sé yo que tú has elegido al hijo de Isaí para confusión tuya, y para confusión de la vergüenza de tu madre?

31 Porque todo el tiempo que el hijo de Isaí viviere sobre la tierra, ni tú estarás firme, ni tu reino. Envía pues, ahora, y tráemelo, porque ha de morir.

Preguntas de estudio

1. ¿Qué nos comunica la lealtad de Jonatán acerca del liderazgo de David?

2. ¿Qué nos dice el enojo y la hostilidad de Saúl acerca del liderazgo de David? ¿Qué nos dice de Saúl?

3. ¿Qué cree usted que hubiera sucedido con David, Jonatán y Saúl si Jonatán hubiera estado a favor de su padre y no a favor de David?

_____

_____

_____

_____

_____

❸ La escritura en la pared

Daniel 5:1-12, 17, 22-30

¹ El rey Belsasar hizo un gran banquete a mil de sus príncipes, y en presencia de los mil bebía vino.

² Belsasar, con el gusto del vino, mandó que trajesen los vasos de oro y de plata que Nabucodonosor su padre había traído del templo de Jerusalén, para que bebiesen en ellos el rey y sus grandes, sus mujeres y sus concubinas.

³ Entonces fueron traídos los vasos de oro que habían traído del templo de la casa de Dios que estaba en Jerusalén, y bebieron en ellos el rey y sus príncipes, sus mujeres y sus concubinas.

⁴ Bebieron vino, y alabaron a los dioses de oro y de plata, de bronce, de hierro, de madera y de piedra.

⁵ En aquella misma hora aparecieron los dedos de una mano de hombre, que escribía delante del candelero sobre lo encalado de la pared del palacio real, y el rey veía la mano que escribía.

⁶ Entonces el rey palideció, y sus pensamientos lo turbaron, y se debilitaron sus lomos, y sus rodillas daban la una contra la otra.

⁷ El rey gritó en alta voz que hiciesen venir magos, caldeos y adivinos; y dijo el rey a los sabios de Babilonia: Cualquiera que lea esta escritura y me muestre su interpretación, será vestido de púrpura, y un collar de oro llevará en su cuello, y será el tercer señor en el reino.

⁸ Entonces fueron introducidos todos los sabios del rey, pero no pudieron leer la escritura ni mostrar al rey su interpretación.

⁹ Entonces el rey Belsasar se turbó sobremanera, y palideció, y sus príncipes estaban perplejos.

¹⁰ La reina, por las palabras del rey y de sus príncipes, entró a la sala del banquete, y dijo: Rey, vive para siempre; no te turben tus pensamientos, ni palidezca tu rostro.

¹¹ En tu reino hay un hombre en el cual mora el espíritu de los dioses santos, y en los días de tu padre se halló en él luz e inteligencia y sabiduría, como sabiduría de los dioses; al que el rey Nabucodonosor tu padre, oh rey, constituyó jefe sobre todos los magos, astrólogos, caldeos y adivinos, ¹² por cuanto fue hallado en él mayor espíritu y ciencia y entendimiento, para interpretar sueños y descifrar enigmas y resolver dudas; esto es, en Daniel, al cual el rey puso por nombre Beltsasar. Llámese, pues, ahora a Daniel, y él te dará la interpretación. [...]

¹⁷ Entonces Daniel respondió y dijo delante del rey: Tus dones sean para ti, y da tus recompensas a otros. Leeré la escritura al rey, y le daré la interpretación. [...]

²² Y tú, su hijo Belsasar, no has humillado tu corazón, sabiendo todo esto; ²³ sino que contra el Señor del cielo te has ensoberbecido, e hiciste traer delante de ti los vasos de su casa, y tú y tus grandes, tus mujeres y tus concubinas, bebisteis vino en ellos; además de esto, diste alabanza a dioses de plata y oro, de bronce, de hierro, de madera y de piedra, que ni ven, ni oyen, ni saben; y al Dios en cuya mano está tu vida, y cuyos son todos tus caminos, nunca honraste.

²⁴ Entonces de su presencia fue enviada la mano que trazó esta escritura.

²⁵ Y la escritura que trazó es: MENE, MENE, TEKEL, UPARSIN.

²⁶ Esta es la interpretación del asunto: MENE: Contó Dios tu reino, y le ha puesto fin.

²⁷ TEKEL: Pesado has sido en balanza, y fuiste hallado falto.

²⁸ PERES: Tu reino ha sido roto, y dado a los medos y a los persas.

²⁹ Entonces mandó Belsasar vestir a Daniel de púrpura, y poner en su cuello un collar de oro, y proclamar que él era el tercer señor del reino.

³⁰ La misma noche fue muerto Belsasar rey de los caldeos.

Preguntas de estudio

1. Aunque Daniel era un exiliado de Judá y un esclavo, se levantó como gobernante de la provincia de Babilonia, un alto oficial bajo Nabucodonosor. ¿Por qué cree usted que la reina recordaba a Daniel mientras que el rey Belsasar no?

_____

_____

_____

_____

_____

_____

2. Si el liderazgo es influencia, ¿era líder Daniel antes de que el rey Belsasar le buscara? ¿Y después?

_____

_____

_____

_____

_____

3. El rey Belsasar prometió honrar al que pudiera leer e interpretar la escritura. Cuando Daniel lo hizo, le dio noticias muy malas al rey, pero el rey honró la promesa que había hecho. ¿Por qué?

_____

_____

_____

_____

_____

PERSPECTIVAS DE LIDERAZGO Y REFLEXIÓN

Piense acerca de los líderes que se mencionan en los pasajes de esta lección:

- Débora
- Barac
- Jabín, rey de Canaán
- Sísara, el comandante de los ejércitos de Jabín
- Jonatán
- David
- Saúl, rey de Israel
- Belsasar, rey de Babilonia
- La reina de Babilonia
- Daniel

¿A cuál de estos líderes respeta más usted? ¿Por qué? ¿A cuál respeta menos? ¿Por qué?

_____

_____

_____

_____

_____

_____

_____

_____

_____

¿Cuál de las siguientes afirmaciones le describe mejor?

- Un líder que los miembros del equipo respetan y siguen.
- Un líder al que los miembros del equipo no siguen.
- Un miembro del equipo que sigue a un líder respetado.
- Un miembro del equipo que debe seguir a un líder que no es respetado.

Explique su respuesta.

_____

_____

_____

_____

_____

Si su respuesta a la pregunta anterior no fue la primera alternativa dada y desea ser un líder al cual otros respeten y sigan, ¿qué le hace falta para llegar a ese punto? Su respuesta podría exigirle que haga cambios difíciles en su carácter, habilidades, hábitos o situación.

_____

_____

_____

_____

_____

ACTÚE

Piense en la respuesta que dio a la última pregunta: lo que le hace falta ahora para convertirse en un líder respetado. Teniendo en cuenta que el líder hace la posición, y no la posición al líder, escriba un plan de cómo puede convertirse en el tipo de líder que otros respetarán y seguirán.

_____

_____

_____

_____

_____

_____

_____

_____

Fecha en la cual dará el primer paso de su plan: _____

Fecha para la cual desea alcanzar su meta: _____

PREGUNTAS PARA DISCUSIÓN EN GRUPO

1. ¿Qué propósito tuvo Débora al decirle a Barac que la honra no sería suya, sino que sería de una mujer? ¿Cuál cree usted que era su motivo?

2. ¿Fue correcta o incorrecta la decisión de Barac de pedirle a Débora que fuera con él? ¿Por qué?

3. Saúl y Belsasar eran reyes que descubrieron que sus reinos estaban a punto de sucumbir porque no le dieron a Dios la reverencia que merece. ¿Cómo respondió cada uno de ellos al enterarse de ello?

4. Después de que el profeta Samuel le dijera a Saúl que Dios lo había desechado como rey (1 Samuel 15:24), Saúl percibió que David se le iba a adelantar como líder. ¿Cómo responde usted a un líder que le está tomando la delantera?

5. Daniel le dio las peores noticias posibles a Belsasar. ¿Cómo cree que se sentía Daniel cuando tuvo que hacerlo? ¿Cómo responde usted a ese tipo de situaciones? ¿Las estima como conversaciones que le inspiran temor o como oportunidades para influir en otros? Explique.

6. ¿Cuál es la enseñanza mayor que le ha sacado a esta lección sobre la dinámica de la influencia y cómo los líderes más débiles siguen a los más fuertes?

7. ¿Qué cambios en su liderazgo cree usted que Dios le está pidiendo que haga como resultado de esta lección? ¿Cómo se propone cambiar y cuándo actuará al respecto?

LECCIÓN 8

LA LEY DE LA INTUICIÓN

Los líderes evalúan las cosas con pasión de liderazgo

DEFINICIÓN DE LA LEY

Toda persona se guía por intuición, en alguna medida, en las áreas en las que posee talento natural o experiencia, ya sea que se trate de fútbol, de dictar una conferencia o de ingeniería. Los que sobresalen en un campo evalúan cada situación con una predisposición basada en su pericia. Los buenos líderes no son la excepción. Todo lo evalúan con una predisposición hacia el liderazgo. Y, si bien los líderes con talento natural podrían empezar con más intuición en esta área, todo el que aspire a dirigir puede aumentar su intuición de liderazgo.

La intuición no es algo concreto. No se apoya solamente en la evidencia empírica. Al contrario, es un instinto informado por el talento, el conocimiento y la experiencia. Es como una lente a través de la cual vemos los hechos en función de lo que somos y lo que sabemos. Esto es valioso porque nos faculta para predecir los problemas rápidamente, tomar decisiones y aprovechar oportunidades. Frecuentemente nos ayuda a evitar la sorpresa o el sobresalto.

La intuición del liderazgo se basa sobre datos mensurables más instinto acerca de factores intangibles, tales como la moral de los empleados, el ímpetu de la organización y la dinámica de las relaciones interpersonales. Los buenos líderes, de manera instintiva y casi automáticamente, saben cómo dirigir en cualquier situación. A ellos, los asuntos de liderazgo les saltan a la vista, y pueden reaccionar más rápidamente que otros líderes menos hábiles.

Los líderes efectivos son lectores de situaciones, tendencias, oportunidades y personas. Tienen el hábito de examinar estas cosas a través de una lente de liderazgo.

Lea las situaciones como un líder al examinar los detalles pequeños. Preste atención al avance e intente evaluar si las cosas marchan a buen ritmo o si están a punto de detenerse. Lea las tendencias como líder viendo al futuro. Amplíe su visión y tenga una perspectiva amplia. Utilice lo que está sucediendo ahora para pronosticar hacia dónde se dirigen las cosas. Lea a las personas como líder observando más allá de lo aparente. Haga preguntas y escuche; procure descubrir las motivaciones y actitudes.

Puede desarrollar intuición de liderazgo de la misma manera como una persona se vuelve intuitiva en cualquier otra área: complementando el talento natural con el mayor conocimiento y experiencia posible. Comprométase a aprender y crecer como líder. Esfuércese diariamente para evaluarlo todo con una inclinación hacia el liderazgo. En la medida que aplique su experiencia y utilice su instinto, cosechará los beneficios de la Ley de la Intuición.

CASOS DE ESTUDIO

Lea estos casos de estudio de la Biblia y responda a las preguntas subsiguientes.

1 Un líder con intuición salva vidas

1 Samuel 25:2-35, 38-39

² Y en Maón había un hombre que tenía su hacienda en Carmel, el cual era muy rico, y tenía tres mil ovejas y mil cabras. Y aconteció que estaba esquilando sus ovejas en Carmel.

³ Y aquel varón se llamaba Nabal, y su mujer, Abigail. Era aquella mujer de buen entendimiento y de hermosa apariencia, pero el hombre era duro y de malas obras; y era del linaje de Caleb.

⁴ Y oyó David en el desierto que Nabal esquilaba sus ovejas.

⁵ Entonces envió David diez jóvenes y les dijo: Subid a Carmel e id a Nabal, y saludadle en mi nombre, ⁶ y decidle así: Sea paz a ti, y paz a tu familia, y paz a todo cuanto tienes.

⁷ He sabido que tienes esquiladores. Ahora, tus pastores han estado con nosotros; no les tratamos mal, ni les faltó nada en todo el tiempo que han estado en Carmel.

⁸ Pregunta a tus criados, y ellos te lo dirán. Hallen, por tanto, estos jóvenes gracia en tus ojos, porque hemos venido en buen día; te ruego que des lo que tuvieres a mano a tus siervos, y a tu hijo David.

⁹ Cuando llegaron los jóvenes enviados por David, dijeron a Nabal todas estas palabras en nombre de David, y callaron.

¹⁰ Y Nabal respondió a los jóvenes enviados por David, y dijo: ¿Quién es David, y quién es el hijo de Isaí? Muchos siervos hay hoy que huyen de sus señores.

¹¹ ¿He de tomar yo ahora mi pan, mi agua, y la carne que he preparado para mis esquiladores, y darla a hombres que no sé de dónde son?

¹² Y los jóvenes que había enviado David se volvieron por su camino, y vinieron y dijeron a David todas estas palabras.

¹³ Entonces David dijo a sus hombres: Cíñase cada uno su espada. Y se ciñó cada uno su espada y también David se ciñó su espada; y subieron tras David como cuatrocientos hombres, y dejaron doscientos con el bagaje.

¹⁴ Pero uno de los criados dio aviso a Abigail mujer de Nabal, diciendo: He aquí David envió mensajeros del desierto que saludasen a nuestro amo, y él los ha zaherido.

¹⁵ Y aquellos hombres han sido muy buenos con nosotros, y nunca nos trataron mal, ni nos faltó nada en todo el tiempo que anduvimos con ellos, cuando estábamos en el campo.

¹⁶ Muro fueron para nosotros de día y de noche, todos los días que hemos estado con ellos apacentando las ovejas.

¹⁷ Ahora, pues, reflexiona y ve lo que has de hacer, porque el mal está ya resuelto contra nuestro amo y contra toda su casa; pues él es un hombre tan perverso, que no hay quien pueda hablarle.

¹⁸ Entonces Abigail tomó luego doscientos panes, dos cueros de vino, cinco ovejas guisadas, cinco medidas de grano tostado, cien racimos de uvas pasas, y doscientos panes de higos secos, y lo cargó todo en asnos.

¹⁹ Y dijo a sus criados: Id delante de mí, y yo os seguiré luego; y nada declaró a su marido Nabal.

²⁰ Y montando un asno, descendió por una parte secreta del monte; y he aquí David y sus hombres venían frente a ella, y ella les salió al encuentro.

²¹ Y David había dicho: Ciertamente en vano he guardado todo lo que éste tiene en el desierto, sin que nada le haya faltado de todo cuanto es suyo; y él me ha vuelto mal por bien.

²² Así haga Dios a los enemigos de David y aun les añada, que de aquí a mañana, de todo lo que fuere suyo no he de dejar con vida ni un varón.

23 Y cuando Abigail vio a David, se bajó prontamente del asno, y postrándose sobre su rostro delante de David, se inclinó a tierra; 24 y se echó a sus pies, y dijo: Señor mío, sobre mí sea el pecado; mas te ruego que permitas que tu sierva hable a tus oídos, y escucha las palabras de tu sierva.

25 No haga caso ahora mi señor de ese hombre perverso, de Nabal; porque conforme a su nombre, así es. Él se llama Nabal, y la insensatez está con él; mas yo tu sierva no vi a los jóvenes que tú enviaste.

26 Ahora pues, señor mío, vive Jehová, y vive tu alma, que Jehová te ha impedido el venir a derramar sangre y vengarte por tu propia mano. Sean, pues, como Nabal tus enemigos, y todos los que procuran mal contra mi señor.

27 Y ahora este presente que tu sierva ha traído a mi señor, sea dado a los hombres que siguen a mi señor.

28 Y yo te ruego que perdones a tu sierva esta ofensa; pues Jehová de cierto hará casa estable a mi señor, por cuanto mi señor pelea las batallas de Jehová, y mal no se ha hallado en ti en tus días.

29 Aunque alguien se haya levantado para perseguirte y atentar contra tu vida, con todo, la vida de mi señor será ligada en el haz de los que viven delante de Jehová tu Dios, y él arrojará la vida de tus enemigos como de en medio de la palma de una honda.

30 Y acontecerá que cuando Jehová haga con mi señor conforme a todo el bien que ha hablado de ti, y te establezca por príncipe sobre Israel, 31 entonces, señor mío, no tendrás motivo de pena ni remordimientos por haber derramado sangre sin causa, o por haberte vengado por ti mismo. Guárdese, pues, mi señor, y cuando Jehová haga bien a mi señor, acuérdate de tu sierva.

32 Y dijo David a Abigail: Bendito sea Jehová Dios de Israel, que te envió para que hoy me encontrases.

33 Y bendito sea tu razonamiento, y bendita tú, que me has estorbado hoy de ir a derramar sangre, y a vengarme por mi propia mano.

34 Porque vive Jehová Dios de Israel que me ha defendido de hacerte mal, que si no te hubieras dado prisa en venir a mi encuentro, de aquí a mañana no le hubiera quedado con vida a Nabal ni un varón.

35 Y recibió David de su mano lo que le había traído, y le dijo: Sube en paz a tu casa, y mira que he oído tu voz, y te he tenido respeto.

38 Y diez días después, Jehová hirió a Nabal, y murió.

39 Luego que David oyó que Nabal había muerto, dijo: Bendito sea Jehová, que juzgó la causa de mi afrenta recibida de mano de Nabal, y ha preservado del mal a su siervo; y Jehová ha vuelto la maldad de Nabal sobre su propia cabeza. Después envió David a hablar con Abigail, para tomarla por su mujer.

Preguntas de estudio

1. ¿Cómo mostró su intuición el siervo que habló con Abigail?

_____

_____

_____

_____

2. Al considerar lo que Abigail hizo, dijo y mandó a sus siervos, ¿cuánta perspectiva de liderazgo mostró poseer ella?

_____

_____

_____

_____

3. ¿Qué habría sucedido si Abigail no hubiera actuado? Imagine cómo habría continuado la historia y lo que le habría sucedido a Nabal, a su casa, a Abigail y a David. Incluya los cambios que podrian haberle acontecido a David posteriormente durante su reinado.

_____

_____

_____

_____

❷ La sabiduría de Salomón

1 Reyes 3:16-28

[16] *En aquel tiempo vinieron al rey dos mujeres rameras, y se presentaron delante de él.*

[17] *Y dijo una de ellas: ¡Ah, señor mío! Yo y esta mujer morábamos en una misma casa, y yo di a luz estando con ella en la casa.*

[18] *Aconteció al tercer día después de dar yo a luz, que ésta dio a luz también, y morábamos nosotras juntas; ninguno de fuera estaba en casa, sino nosotras dos en la casa.*

19 Y una noche el hijo de esta mujer murió, porque ella se acostó sobre él.

20 Y se levantó a medianoche y tomó a mi hijo de junto a mí, estando yo tu sierva durmiendo, y lo puso a su lado, y puso al lado mío su hijo muerto.

21 Y cuando yo me levanté de madrugada para dar el pecho a mi hijo, he aquí que estaba muerto; pero lo observé por la mañana, y vi que no era mi hijo, el que yo había dado a luz.

22 Entonces la otra mujer dijo: No; mi hijo es el que vive, y tu hijo es el muerto. Y la otra volvió a decir: No; tu hijo es el muerto, y mi hijo es el que vive. Así hablaban delante del rey.

23 El rey entonces dijo: Esta dice: Mi hijo es el que vive, y tu hijo es el muerto; y la otra dice: No, mas el tuyo es el muerto, y mi hijo es el que vive.

24 Y dijo el rey: Traedme una espada. Y trajeron al rey una espada.

25 En seguida el rey dijo: Partid por medio al niño vivo, y dad la mitad a la una, y la otra mitad a la otra.

26 Entonces la mujer de quien era el hijo vivo, habló al rey (porque sus entrañas se le conmovieron por su hijo), y dijo: ¡Ah, señor mío! dad a ésta el niño vivo, y no lo matéis. Mas la otra dijo: Ni a mí ni a ti; partidlo.

27 Entonces el rey respondió y dijo: Dad a aquélla el hijo vivo, y no lo matéis; ella es su madre.

28 Y todo Israel oyó aquel juicio que había dado el rey; y temieron al rey, porque vieron que había en él sabiduría de Dios para juzgar.

Preguntas de estudio

1. La narración de la historia no deja en claro cuál de las mujeres era la madre del niño vivo: la mujer que se quejaba de que los niños habían sido intercambiados o la mujer que negaba que hubiera ocurrido. Al leer la historia, ¿cuál mujer pensó usted que era la madre del niño vivo? ¿Por qué?

_____

_____

_____

_____

2. ¿Cree usted que el rey Salomón supo desde un principio quién decía la verdad y que usó la espada como amenaza para demostrarlo? ¿O piensa usted que tuvo

suficiente sabiduría para hacer la amenaza aunque no sabía cuál mujer era la madre hasta que las dos mujeres hablaron?

_____

_____

_____

_____

3. ¿Es más probable que actúe basándose únicamente en su intuición? O suele esperar a tener algún tipo de evidencia que verifique su intuición antes de actuar. ¿Cuál es el curso de acción más sabio?

_____

_____

_____

_____

3 Bernabé ve el potencial de Saulo

Hechos 9:19-30

[19] Y habiendo tomado alimento, recobró fuerzas. Y estuvo Saulo por algunos días con los discípulos que estaban en Damasco.

[20] En seguida predicaba a Cristo en las sinagogas, diciendo que éste era el Hijo de Dios.

[21] Y todos los que le oían estaban atónitos, y decían: ¿No es éste el que asolaba en Jerusalén a los que invocaban este nombre, y a eso vino acá, para llevarlos presos ante los principales sacerdotes?

[22] Pero Saulo mucho más se esforzaba, y confundía a los judíos que moraban en Damasco, demostrando que Jesús era el Cristo.

[23] Pasados muchos días, los judíos resolvieron en consejo matarle; [24] pero sus asechanzas llegaron a conocimiento de Saulo. Y ellos guardaban las puertas de día y de noche para matarle.

[25] Entonces los discípulos, tomándole de noche, le bajaron por el muro, descolgándole en una canasta.

²⁶ Cuando llegó a Jerusalén, trataba de juntarse con los discípulos; pero todos le tenían miedo, no creyendo que fuese discípulo.

²⁷ Entonces Bernabé, tomándole, lo trajo a los apóstoles, y les contó cómo Saulo había visto en el camino al Señor, el cual le había hablado, y cómo en Damasco había hablado valerosamente en el nombre de Jesús.

²⁸ Y estaba con ellos en Jerusalén; y entraba y salía, ²⁹ y hablaba denodadamente en el nombre del Señor, y disputaba con los griegos; pero éstos procuraban matarle.

³⁰ Cuando supieron esto los hermanos, le llevaron hasta Cesarea, y le enviaron a Tarso.

Preguntas de estudio

1. Los judíos de Damasco quedaron atónitos por el liderazgo y el intelecto de Pablo. ¿Qué dice esto acerca de su intuición en el liderazgo?

_____

_____

_____

_____

2. Pablo tenía una reputación negativa por la forma en la cual había perseguido a la iglesia antes de su conversión. ¿Cómo cree usted que Bernabé pudo ver el potencial de liderazgo de Pablo ante esas circunstancias?

_____

_____

_____

3. ¿Qué indica la reacción inicial de los discípulos de Jerusalén hacia Pablo de cómo el miedo impacta en la intuición del liderazgo?

_____

_____

_____

_____

Perspectivas de liderazgo y reflexión

¿Qué papel piensa usted que desempeñan la sabiduría, el discernimiento, la habilidad para las relaciones y la experiencia de liderazgo en la intuición del líder, basado en los tres pasajes?

_____
_____
_____
_____

Evalúese a sí mismo en una escala de uno (bajo) a diez (alto) en cada una de las áreas siguientes, y describa brevemente por qué se califica con esa puntuación.

Sabiduría: _____
Discernimiento: _____
Experiencia en el liderazgo: _____
Habilidad para las relaciones: _____
Intuición natural de líder: _____

¿En cuál de las primeras cuatro áreas le gustaría crecer para aumentar su intuición general de líder? ¿Cómo le ayudaría crecer en esa área?

_____
_____
_____
_____

Actúe

La intuición natural de líder que tenga es algo que le ha sido dado por Dios. Pero usted puede mejorar sus aptitudes a través del esfuerzo y así mejorar su intuición. ¿Cómo crecerá en el área que ha escogido? Sea lo más específico posible y determine fechas para cumplir con ello.

_____
_____
_____
_____

Preguntas para discusión en grupo

1. En el primer pasaje, ¿quién mostró la mayor intuición de liderazgo y sabiduría: el siervo anónimo, Abigail o David? Explique su respuesta.

2. Si hubiera estado en el lugar de Salomón, ¿qué habría hecho usted para descubrir la verdad e impartir justicia?

3. ¿Qué riesgo corrió Bernabé cuando habló a favor de Pablo y lo trajo a los apóstoles? ¿Cómo imagina usted que ocurrió esa interacción? ¿Qué cosas se hicieron y se dijeron?

4. ¿Tiene usted intuición por naturaleza o usualmente basa sus decisiones en la evidencia y la información? ¿Cómo le ha sido beneficiosa su predisposición natural? ¿Cómo le ha estorbado?

5. ¿Cuáles son las recompensas de la intuición del líder?

6. ¿Cuál es la enseñanza más importante sobre la intuición del líder que ha extraído de esta lección?

7. ¿Qué acciones cree usted que Dios le está pidiendo que lleve a cabo para desarrollar más su intuición de líder? ¿Cuándo y cómo lo hará?

LECCIÓN 9

LA LEY DEL MAGNETISMO

Se atrae a quien es como uno mismo

DEFINICIÓN DE LA LEY

Los líderes eficaces siempre están en busca de buenas personas. De hecho, aun si no están contratando activamente a nadie, la mayoría de los líderes llevan una lista en la mente de las aptitudes, características de personalidad, cualidades de carácter y actitudes que les gustaría que posean las personas que contraten en el futuro. Usted probablemente tiene algún tipo de lista. Piense en las personas que le gustaría tener en su equipo. ¿Cuál es su perfil del empleado perfecto?

Una vez que sepa a quién desea contratar, ¿cómo se hace para encontrar a ese tipo de persona? ¿Cómo atraer buenos candidatos que posean las cualidades que desea? ¿Qué es lo que determinará, más que ninguna otra cosa, si las personas que se buscan serán las que uno atraiga? La respuesta podría sorprenderle. Lo crea o no, a quien atrae no está determinado por lo que usted desea. Está determinado por quien es usted.

Las implicaciones de esta verdad son bastante claras. Si desea que los miembros de su equipo tengan determinación, entonces usted mismo deberá mostrar perseverancia. Tal vez desee tener miembros en su equipo que planifiquen para el futuro, pero si usted mismo tiende a actuar impetuosamente y analizar los resultados después, tendrá dificultades para atraer y para retener a individuos que mediten sus decisiones. Si desea que sus seguidores tengan características útiles, enfóquese en desarrollarlas en usted mismo. Las siguientes son características que probablemente considerará importantes para los miembros de su equipo:

Actitud positiva: en muy raras ocasiones he visto que personas positivas se sientan atraídas a un entorno negativo. Los que ven la vida como una serie de oportunidades y desafíos emocionantes no quieren trabajar para un líder que se la pasa hablando de lo mal que están las cosas. La buena noticia es que esa actitud es una decisión. Cuando el líder decide enfocarse en lo bueno o en el potencial de crecimiento en cada situación, creará una cultura a la cual desearán unirse las personas positivas.

Confianza: esta característica es más difícil de percibir. La mayoría no nos consideramos indignos de confianza. Sin embargo, la confianza abarca más que solo no mentir. Para ser digno de confianza se necesita decir toda la verdad, cumplir con los compromisos y reconocer la realidad. Si desea atraer líderes dignos de confianza, sea real, comprométase solamente cuando pueda cumplir y no ignore ni niegue las circunstancias problemáticas.

Ética de trabajo: ¿desea que los miembros de su equipo estén dispuestos a trabajar duro? Entonces permita que los demás le vean trabajando duro. No espere puntualidad ni un compromiso con la excelencia por parte de los demás si usted llega tarde o hace su trabajo a medias. Los individuos que trabajan duro buscan un entorno en el cual todos ponen de su parte, en especial el líder.

Su lista probablemente incluya otras características, tales como la perseverancia, energía o potencial de crecimiento. La Ley del Magnetismo también se aplica en esos casos. Se atrae a quien es como uno mismo. Si se enfoca en desarrollar en usted mismo aquellas características que desea en otros, edificará un equipo unificado que podrá colaborar para lograr grandes metas.

CASOS DE ESTUDIO

Lea estos casos de estudio de la Biblia y responda a las preguntas subsiguientes.

❶ Josué sucede a Moisés

Éxodo 17:8-14

⁸ Entonces vino Amalec y peleó contra Israel en Refidim.

⁹ Y dijo Moisés a Josué: Escógenos varones, y sal a pelear contra Amalec; mañana yo estaré sobre la cumbre del collado, y la vara de Dios en mi mano.

¹⁰ F hizo Josué como le dijo Moisés, peleando contra Amalec; y Moisés y Aarón y Hur subieron a la cumbre del collado.

¹¹ Y sucedía que cuando alzaba Moisés su mano, Israel prevalecía; mas cuando él bajaba su mano, prevalecía Amalec.

¹² Y las manos de Moisés se cansaban; por lo que tomaron una piedra, y la pusieron debajo de él, y se sentó sobre ella; y Aarón y Hur sostenían sus manos, el uno de un lado y el otro de otro; así hubo en sus manos firmeza hasta que se puso el sol.

¹³ Y Josué deshizo a Amalec y a su pueblo a filo de espada.

¹⁴ Y Jehová dijo a Moisés: Escribe esto para memoria en un libro, y di a Josué que raeré del todo la memoria de Amalec de debajo del cielo.

Éxodo 33:10-11

¹⁰ Y viendo todo el pueblo la columna de nube que estaba a la puerta del tabernáculo, se levantaba cada uno a la puerta de su tienda y adoraba

¹¹ Y hablaba Jehová a Moisés cara a cara, como habla cualquiera a su compañero. Y él volvía al campamento; pero el joven Josué hijo de Nun, su servidor, nunca se apartaba de en medio del tabernáculo.

Números 27:12-13, 15-23

¹² Jehová dijo a Moisés: Sube a este monte Abarim, y verás la tierra que he dado a los hijos de Israel.

¹³ Y después que la hayas visto, tú también serás reunido a tu pueblo, como fue reunido tu hermano Aarón [...]

¹⁵ Entonces respondió Moisés a Jehová, diciendo: ¹⁶ Ponga Jehová, Dios de los espíritus de toda carne, un varón sobre la congregación, ¹⁷ que salga delante de ellos y que entre delante de ellos, que los saque y los introduzca, para que la congregación de Jehová no sea como ovejas sin pastor.

¹⁸ Y Jehová dijo a Moisés: Toma a Josué hijo de Nun, varón en el cual hay espíritu, y pondrás tu mano sobre él; ¹⁹ y lo pondrás delante del sacerdote Eleazar, y delante de toda la congregación; y le darás el cargo en presencia de ellos.

²⁰ Y pondrás de tu dignidad sobre él, para que toda la congregación de los hijos de Israel le obedezca.

²¹ Él se pondrá delante del sacerdote Eleazar, y le consultará por el juicio del Urim delante de Jehová; por el dicho de él saldrán, y por el dicho de él entrarán, él y todos los hijos de Israel con él, y toda la congregación.

²² Y Moisés hizo como Jehová le había mandado, pues tomó a Josué y lo puso delante del sacerdote Eleazar, y de toda la congregación; ²³ y puso sobre él sus manos, y le dio el cargo, como Jehová había mandado por mano de Moisés.

Preguntas de estudio

1. ¿De qué manera eran similares Moisés y Josué?

2. Josué fue uno de los doce espías que Moisés envió a la Tierra Prometida para reconocerla e informar de ella (Números 13). Diez de esos espías tuvieron temor y se rebelaron en contra del plan de Dios. Josué y Caleb fueron los únicos que querían ir y conquistar a Canaán. ¿Cómo piensa usted que eso calificó a Josué para suceder a Moisés? ¿Cuáles otras cualidades poseía Josué?

❷ Los valientes de David

1 Crónicas 11:10-25

¹⁰ Estos son los principales de los valientes que David tuvo, y los que le ayudaron en su reino, con todo Israel, para hacerle rey sobre Israel, conforme a la palabra de Jehová.

¹¹ *Y este es el número de los valientes que David tuvo: Jasobeam hijo de Hacmoni, caudillo de los treinta, el cual blandió su lanza una vez contra trescientos, a los cuales mató.*

¹² *Tras de éste estaba Eleazar hijo de Dodo, ahohíta, el cual era de los tres valientes.*

¹³ *Este estuvo con David en Pasdamim, estando allí juntos en batalla los filisteos; y había allí una parcela de tierra llena de cebada, y huyendo el pueblo delante de los filisteos,* ¹⁴ *se pusieron ellos en medio de la parcela y la defendieron, y vencieron a los filisteos, porque Jehová los favoreció con una gran victoria.*

¹⁵ *Y tres de los treinta principales descendieron a la peña a David, a la cueva de Adulam, estando el campamento de los filisteos en el valle de Refaim.*

¹⁶ *David estaba entonces en la fortaleza, y había entonces guarnición de los filisteos en Belén.*

¹⁷ *David deseó entonces, y dijo: ¡Quién me diera de beber de las aguas del pozo de Belén, que está a la puerta!*

¹⁸ *Y aquellos tres rompieron por el campamento de los filisteos, y sacaron agua del pozo de Belén, que está a la puerta, y la tomaron y la trajeron a David; mas él no la quiso beber, sino que la derramó para Jehová, y dijo:* ¹⁹ *Guárdeme mi Dios de hacer esto. ¿Había yo de beber la sangre y la vida de estos varones, que con peligro de sus vidas la han traído? Y no la quiso beber. Esto hicieron aquellos tres valientes.*

²⁰ *Y Abisai, hermano de Joab, era jefe de los treinta, el cual blandió su lanza contra trescientos y los mató, y ganó renombre con los tres.*

²¹ *Fue el más ilustre de los treinta, y fue el jefe de ellos, pero no igualó a los tres primeros.*

²² *Benaía hijo de Joiada, hijo de un varón valiente de Cabseel, de grandes hechos; él venció a los dos leones de Moab; también descendió y mató a un león en medio de un foso, en tiempo de nieve.*

²³ *El mismo venció a un egipcio, hombre de cinco codos de estatura; y el egipcio traía una lanza como un rodillo de tejedor, mas él descendió con un báculo, y arrebató al egipcio la lanza de la mano, y lo mató con su misma lanza.*

²⁴ *Esto hizo Benaía hijo de Joiada, y fue nombrado con los tres valientes.*

²⁵ *Y fue el más distinguido de los treinta, pero no igualó a los tres primeros. A éste puso David en su guardia personal.*

Preguntas de estudio

1. ¿Cuántos grupos de guerreros se mencionan en este pasaje? ¿Por qué cree usted que el autor de Crónicas distingue a unos de otros?

_____

_____

_____

_____

2. ¿De qué manera los hombres que se mencionan en este pasaje eran similares a David? ¿Qué cualidades, habilidades y experiencias tenían en común?

_____

_____

_____

_____

3. Cuando lee las aventuras de los valientes de David, ¿cómo responde en lo emocional y lo intelectual? ¿Qué le comunica Dios a usted personalmente como líder?

_____

_____

_____

_____

③ El mal sigue al mal

1 Reyes 21:1-16, 25

¹ *Pasadas estas cosas, aconteció que Nabot de Jezreel tenía allí una viña junto al palacio de Acab rey de Samaria.*

² *Y Acab habló a Nabot, diciendo: Dame tu viña para un huerto de legumbres, porque está cercana a mi casa, y yo te daré por ella otra viña mejor que esta; o si mejor te pareciere, te pagaré su valor en dinero.*

³ Y Nabot respondió a Acab: Guárdeme Jehová de que yo te dé a ti la heredad de mis padres.

⁴ Y vino Acab a su casa triste y enojado, por la palabra que Nabot de Jezreel le había respondido, diciendo: No te daré la heredad de mis padres. Y se acostó en su cama, y volvió su rostro, y no comió.

⁵ Vino a él su mujer Jezabel, y le dijo: ¿Por qué está tan decaído tu espíritu, y no comes?

⁶ Él respondió: Porque hablé con Nabot de Jezreel, y le dije que me diera su viña por dinero, o que si más quería, le daría otra viña por ella; y él respondió: Yo no te daré mi viña.

⁷ Y su mujer Jezabel le dijo: ¿Eres tú ahora rey sobre Israel? Levántate, y come y alégrate; yo te daré la viña de Nabot de Jezreel.

⁸ Entonces ella escribió cartas en nombre de Acab, y las selló con su anillo, y las envió a los ancianos y a los principales que moraban en la ciudad con Nabot.

⁹ Y las cartas que escribió decían así: Proclamad ayuno, y poned a Nabot delante del pueblo, ¹⁰ y poned a dos hombres perversos delante de él, que atestigüen contra él y digan: Tú has blasfemado a Dios y al rey. Y entonces sacadlo, y apedreadlo para que muera.

¹¹ Y los de su ciudad, los ancianos y los principales que moraban en su ciudad, hicieron como Jezabel les mandó, conforme a lo escrito en las cartas que ella les había enviado.

¹² Y promulgaron ayuno, y pusieron a Nabot delante del pueblo.

¹³ Vinieron entonces dos hombres perversos, y se sentaron delante de él; y aquellos hombres perversos atestiguaron contra Nabot delante del pueblo, diciendo: Nabot ha blasfemado a Dios y al rey. Y lo llevaron fuera de la ciudad y lo apedrearon, y murió.

¹⁴ Después enviaron a decir a Jezabel: Nabot ha sido apedreado y ha muerto.

¹⁵ Cuando Jezabel oyó que Nabot había sido apedreado y muerto, dijo a Acab: Levántate y toma la viña de Nabot de Jezreel, que no te la quiso dar por dinero; porque Nabot no vive, sino que ha muerto.

¹⁶ Y oyendo Acab que Nabot era muerto, se levantó para descender a la viña de Nabot de Jezreel, para tomar posesión de ella. . .

²⁵ (A la verdad ninguno fue como Acab, que se vendió para hacer lo malo ante los ojos de Jehová; porque Jezabel su mujer lo incitaba.

Preguntas de estudio

1. ¿Cree usted que Acab le hizo una oferta justa a Nabot por su viña? ¿Qué piensa usted de la reacción que mostró Acab ante la negativa de Nabot? ¿Qué nos dice eso acerca del carácter de Acab?

_____

_____

_____

_____

_____

2. Podría decirse que Acab y Jezabel eran muy parecidos y que se merecían el uno al otro. ¿Cuál de los dos era peor? Explique.

_____

_____

_____

_____

3. ¿Por qué cree usted que los ancianos y principales de Jezreel cumplieron con lo que decían las cartas que Jezabel les envió a nombre de Acab?

_____

_____

_____

_____

4. Después de que Acab tomara posesión de la viña de Nabot, el profeta Elías lo confrontó y profetizó en su contra y en contra de Jezabel. ¿Por qué cree usted que Dios permite que líderes perversos lleven a cabo tanta destrucción?

_____

_____

_____

_____

Perspectivas de liderazgo y reflexión

¿Qué papel desempeñan el carácter, la reputación y la proximidad en la Ley del Magnetismo?

_____

_____

_____

_____

Examine a las personas que son cercanas a usted y que ejercieron cierta atracción sobre usted; compañeros de trabajo, amigos, colegas cercanos, y si es casado, su cónyuge. Mencione sus nombres abajo. Junto a cada nombre, describa su carácter y su reputación.

_____

_____

_____

¿Qué tienen en común? ¿Qué cosas le gustan y admira de ellos? ¿Cuáles son causa de preocupación?

_____

_____

_____

_____

Actúe

En cuanto a cada una de las características que le causan preocupación en las personas que le rodean, examínese a sí mismo para ver si usted las tiene también. ¿Cómo se manifiestan esas mismas características en *usted*? ¿Qué acción puede llevar a cabo para mejorar en esta área? ¿A quién podría rendirle cuentas para comprobar su avance?

_____

_____

_____

_____

_____

PREGUNTAS PARA DISCUSIÓN EN GRUPO

1. ¿Quién fue un mejor líder: Moisés, que confrontó a Faraón y sacó a los israelitas de Egipto, o Josué, que introdujo al pueblo a la Tierra Prometida y los asentó allí? Explique su respuesta.

2. ¿Cuánta de la capacidad de liderazgo de Josué era innata y cuánta fue influenciada e inculcada por Moisés?

3. ¿Qué papel piensa usted que tuvieron los valientes de David en el éxito de este?

4. Después de haber sido confrontado por el profeta Elías, Acab «anduvo humillado» (1 Reyes 21:27). ¿Piensa usted que Acab cambió internamente? ¿Qué debe hacer una persona para lograr un cambio verdadero luego de haber hecho mal?

5. ¿Cómo es influenciado su liderazgo actual por las personas que le rodean?

6. ¿Qué tipos de cambios necesita hacer en sí mismo para mejorar? ¿También necesitará que los miembros de su equipo o de su círculo de amistades cambien? Explique.

7. ¿Qué cambios está dispuesto a hacer a partir de hoy? ¿A quién le pedirá que le ayude como persona a la que ha de rendirle cuentas?

L E C C I Ó N   10

LA LEY DE LA CONEXIÓN

Los líderes tocan el corazón antes de pedir la mano

DEFINICIÓN DE LA LEY

Los líderes se comunican de diversas maneras. Algunos sermonean, otros gritan órdenes. Algunos dan por supuesto que las personas ya saben lo que deben hacer. Y otros se ocultan en sus oficinas, negándose a comunicarse con nadie hasta que sus seguidores les busquen y les pregunten directamente.

Los estilos de comunicación que se mencionaron son improductivos y todos tienen un elemento en común: la falta de conexión. Para que los líderes sean eficaces e impulsen el avance del equipo, es necesario que se conecten con las personas. ¿Por qué? Porque es necesario llegar al corazón de las personas antes de pedirles una mano. Esa es la ley de la conexión. Si desea que sus seguidores estén de su lado, no intente convencerles; conéctese con ellos. No es posible mover a las personas a la acción sin antes moverlos con emoción.

Acostumbraba decirles a los miembros de mi personal: «A los individuos no les interesa cuánto sabes hasta que sepan que les interesas». Ellos gemían porque me oían decirlo tanto, pero reconocían que era cierto. La mejor manera de desarrollar credibilidad con sus empleados es conectarse con ellos y mostrarles que son genuinamente importantes para usted. Si lo hace, usualmente ellos estarán más dispuestos a escucharle, a aprender de usted y a hacer que cosas sucedan para usted. Las siguientes son algunas de las mejores maneras de establecer esa conexión:

Sea relacional, no posicional: gritar órdenes es posicional. Esa actitud supone que sus empleados correrán a obedecer sencillamente porque usted está al mando. Pero recuerde: el liderazgo es influencia. Y las personas le seguirán básicamente porque quieren hacerlo. Apréndase sus nombres, averigüe cómo son fuera del trabajo y descubra en qué son buenos. Esté al tanto de su cultura, antecedentes, educación, etc. Luego adapte su comunicación a ellos personalmente; no espere que se adapten a usted. Si usted los conoce mejor y expresa interés por ellos de modo individual, será más probable que quieran ayudarle.

Dé el primer paso: muchos líderes asumen que la conexión es responsabilidad de los seguidores. Piensan: *Soy el jefe; es responsabilidad de ellos averiguar lo que yo quiero. Que vengan a mí.* Pero los líderes eficaces son iniciadores. Hacen el esfuerzo de conectarse y ofrecer orientación primero, lo que empodera y anima al equipo.

Escuche y aprenda quiénes son y lo que quieren: la comunicación es más que el mensaje. Hay que conocer a la audiencia y encontrarse con ella en el nivel que se encuentre. Empiece por enfocarse más en ellos que en usted. Haga preguntas y escuche con la meta de descubrir qué es lo que desean y cuáles son sus sueños. Entonces podrá hablarles de lo que a ellos les importa y no solo de lo que a usted le interesa.

Sea auténtico y ofrezca ayuda genuina: no *actúe* como si le importara; *sea* alguien que se interesa en los demás. Crea en el valor de su gente. Y practique lo que predica. Cuando sus palabras representan con precisión lo que usted es, lo que cree y cómo actúa, usted gana credibilidad ante su equipo. Y las personas desean asociarse con un líder en el cual creen.

A las personas verdaderamente no les interesa cuánto sabe hasta que saben cuánto se interesa por ellas. No subestime la importancia de edificar puentes de relación entre usted y sus seguidores. Hay un viejo adagio que dice: para dirigirte a ti mismo, usa la cabeza; para dirigir a otros, usa el corazón. Esa es la naturaleza de la Ley de la Conexión. Alcance siempre el corazón de la persona antes de pedirle ayuda.

Casos de estudio

Lea estos casos de estudio de la Biblia y responda a las preguntas subsiguientes.

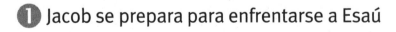 **Jacob se prepara para enfrentarse a Esaú**

Génesis 32:3-12

³ Y envió Jacob mensajeros delante de sí a Esaú su hermano, a la tierra de Seir, campo de Edom.

⁴ Y les mandó diciendo: Así diréis a mi señor Esaú: Así dice tu siervo Jacob: Con Labán he morado, y me he detenido hasta ahora; ⁵ y tengo vacas, asnos, ovejas, y siervos y siervas; y envío a decirlo a mi señor, para hallar gracia en tus ojos.

⁶ Y los mensajeros volvieron a Jacob, diciendo: Vinimos a tu hermano Esaú, y él también viene a recibirte, y cuatrocientos hombres con él.

⁷ Entonces Jacob tuvo gran temor, y se angustió; y distribuyó el pueblo que tenía consigo, y las ovejas y las vacas y los camellos, en dos campamentos.

⁸ Y dijo: Si viene Esaú contra un campamento y lo ataca, el otro campamento escapará.

⁹ Y dijo Jacob: Dios de mi padre Abraham, y Dios de mi padre Isaac, Jehová, que me dijiste: Vuélvete a tu tierra y a tu parentela, y yo te haré bien; ¹⁰ menor soy que todas las misericordias y que toda la verdad que has usado para con tu siervo; pues con mi cayado pasé este Jordán, y ahora estoy sobre dos campamentos.

¹¹ Líbrame ahora de la mano de mi hermano, de la mano de Esaú, porque le temo; no venga acaso y me hiera la madre con los hijos.

¹² Y tú has dicho: Yo te haré bien, y tu descendencia será como la arena del mar, que no se puede contar por la multitud.

Génesis 33:1-11

¹ Alzando Jacob sus ojos, miró, y he aquí venía Esaú, y los cuatrocientos hombres con él; entonces repartió él los niños entre Lea y Raquel y las dos siervas.

² Y puso las siervas y sus niños delante, luego a Lea y sus niños, y a Raquel y a José los últimos.

³ Y él pasó delante de ellos y se inclinó a tierra siete veces, hasta que llegó a su hermano.

⁴ Pero Esaú corrió a su encuentro y le abrazó, y se echó sobre su cuello, y le besó; y lloraron.

⁵ Y alzó sus ojos y vio a las mujeres y los niños, y dijo: ¿Quiénes son éstos? Y él respondió: Son los niños que Dios ha dado a tu siervo.

⁶ Luego vinieron las siervas, ellas y sus niños, y se inclinaron.

⁷ Y vino Lea con sus niños, y se inclinaron; y después llegó José y Raquel, y también se inclinaron.

⁸ Y Esaú dijo: ¿Qué te propones con todos estos grupos que he encontrado? Y Jacob respondió: El hallar gracia en los ojos de mi señor.

⁹ Y dijo Esaú: Suficiente tengo yo, hermano mío; sea para ti lo que es tuyo.

¹⁰ Y dijo Jacob: No, yo te ruego; si he hallado ahora gracia en tus ojos, acepta mi presente, porque he visto tu rostro, como si hubiera visto el rostro de Dios, pues que con tanto favor me has recibido.

¹¹ Acepta, te ruego, mi presente que te he traído, porque Dios me ha hecho merced, y todo lo que hay aquí es mío. E insistió con él, y Esaú lo tomó.

Preguntas de estudio

1. Lea los pasajes detenidamente. ¿Qué hizo Jacob para conectarse con Esaú? Haga una lista de esas cosas aquí.

   _____

   _____

   _____

   _____

   _____

2. Cuando Jacob salió de su casa veinte años antes, estaba en malos términos con Esaú, a quien había engañado para quitarle su primogenitura. La preparación de Jacob para su encuentro con Esaú, ¿fue un engaño sabiduría de liderazgo? Explique.

   _____

   _____

   _____

   _____

   _____

3. ¿Cuál habría sido la diferencia si Jacob no hubiera hecho nada para conectarse con Esaú? Explique.

   _____

   _____

   _____

   _____

❷ Absalón usa las conexiones para autopromocionarse

2 Samuel 15:1-13

¹ Aconteció después de esto, que Absalón se hizo de carros y caballos, y cincuenta hombres que corriesen delante de él.

² Y se levantaba Absalón de mañana, y se ponía a un lado del camino junto a la puerta; y a cualquiera que tenía pleito y venía al rey a juicio, Absalón le llamaba y le decía: ¿De qué ciudad eres? Y él respondía: Tu siervo es de una de las tribus de Israel.

³ Entonces Absalón le decía: Mira, tus palabras son buenas y justas; mas no tienes quien te oiga de parte del rey.

⁴ Y decía Absalón: ¡Quién me pusiera por juez en la tierra, para que viniesen a mí todos los que tienen pleito o negocio, que yo les haría justicia!

⁵ Y acontecía que cuando alguno se acercaba para inclinarse a él, él extendía la mano y lo tomaba, y lo besaba.

⁶ De esta manera hacía con todos los israelitas que venían al rey a juicio; y así robaba Absalón el corazón de los de Israel.

⁷ Al cabo de cuatro años, aconteció que Absalón dijo al rey: Yo te ruego me permitas que vaya a Hebrón, a pagar mi voto que he prometido a Jehová.

⁸ Porque tu siervo hizo voto cuando estaba en Gesur en Siria, diciendo: Si Jehová me hiciere volver a Jerusalén, yo serviré a Jehová.

⁹ Y el rey le dijo: Ve en paz. Y él se levantó, y fue a Hebrón.

¹⁰ Entonces envió Absalón mensajeros por todas las tribus de Israel, diciendo: Cuando oigáis el sonido de la trompeta diréis: Absalón reina en Hebrón.

¹¹ Y fueron con Absalón doscientos hombres de Jerusalén convidados por él, los cuales iban en su sencillez, sin saber nada.

¹² Y mientras Absalón ofrecía los sacrificios, llamó a Ahitofel gilonita, consejero de David, de su ciudad de Gilo. Y la conspiración se hizo poderosa, y aumentaba el pueblo que seguía a Absalón.

¹³ Y un mensajero vino a David, diciendo: El corazón de todo Israel se va tras Absalón.

Preguntas de estudio

1. ¿A qué tipo de personas apelaba Absalón y qué pasos dio para conectarse con ellas?

_____

_____

_____

_____

2. ¿Cree usted que los motivos egoístas de Absalón afectaron su capacidad de conectarse con otros de manera positiva o negativa? Explique.

_____

_____

_____

_____

3. ¿Piensa usted que a las personas que iban de camino a Jerusalén les interesaban los motivos de Absalón? ¿A cuáles emociones apelan los líderes cuando intentan manipular a las personas? ¿Cómo se pueden discernir mejor las motivaciones de un líder?

_____

_____

_____

_____

③ Pablo se conecta con las personas en vez de dar órdenes

Filemón 1-21

¹ Pablo, prisionero de Jesucristo, y el hermano Timoteo, al amado Filemón, colaborador nuestro, ² y a la amada hermana Apia, y a Arquipo nuestro compañero de milicia, y a la iglesia que está en tu casa: ³ Gracia y paz a vosotros, de Dios nuestro Padre y del Señor Jesucristo.

⁴ Doy gracias a mi Dios, haciendo siempre memoria de ti en mis oraciones, ⁵ porque oigo del amor y de la fe que tienes hacia el Señor Jesús, y para con todos los santos; ⁶ para que la participación de tu fe sea eficaz en el conocimiento de todo el bien que está en vosotros por Cristo Jesús.

⁷ Pues tenemos gran gozo y consolación en tu amor, porque por ti, oh hermano, han sido confortados los corazones de los santos.

⁸ Por lo cual, aunque tengo mucha libertad en Cristo para mandarte lo que conviene, ⁹ más bien te ruego por amor, siendo como soy, Pablo ya anciano, y ahora, además, prisionero de Jesucristo; ¹⁰ te ruego por mi hijo Onésimo, a quien engendré en mis prisiones, ¹¹ el cual en otro tiempo te fue inútil, pero ahora a ti y a mí nos es útil, ¹² el cual vuelvo a enviarte; tú, pues, recíbele como a mí mismo.

¹³ Yo quisiera retenerle conmigo, para que en lugar tuyo me sirviese en mis prisiones por el evangelio; ¹⁴ pero nada quise hacer sin tu consentimiento, para que tu favor no fuese como de necesidad, sino voluntario.

¹⁵ Porque quizá para esto se apartó de ti por algún tiempo, para que le recibieses para siempre; ¹⁶ no ya como esclavo, sino como más que esclavo, como hermano amado, mayormente para mí, pero cuánto más para ti, tanto en la carne como en el Señor.

¹⁷ Así que, si me tienes por compañero, recíbele como a mí mismo.

¹⁸ Y si en algo te dañó, o te debe, ponlo a mi cuenta.

¹⁹ Yo Pablo lo escribo de mi mano, yo lo pagaré; por no decirte que aun tú mismo te me debes también.

²⁰ Sí, hermano, tenga yo algún provecho de ti en el Señor; conforta mi corazón en el Señor.

²¹ Te he escrito confiando en tu obediencia, sabiendo que harás aun más de lo que te digo.

Preguntas de estudio

1. ¿Qué cosas escribió Pablo para conectarse con Filemón?

_____

_____

_____

_____

_____

_____

2. ¿Cuáles fueron los motivos de Pablo para escribir esta carta?

_____

_____

_____

_____

_____

3. ¿Por qué cree usted que Pablo eligió conectarse con Filemón en lugar de darle una orden? ¿Usted hubiera sido persuadido? Explique.

_____

_____

_____

_____

_____

4. ¿Cuáles son los resultados a largo plazo de conectarse con alguien y apelar a sus motivaciones más altas?

_____

_____

_____

_____

_____

PERSPECTIVAS DE LIDERAZGO Y REFLEXIÓN

Piense en los tres líderes que aplicaron la Ley de la Conexión en estos. ¿Qué tan poderosa es la capacidad de tocar el corazón de una persona antes de pedirle que le dé una mano? ¿Por qué?

_____

_____

_____

_____

_____

¿Cuál de las declaraciones siguientes le describe mejor a usted?

- No soy una persona sociable, así que no trato de conectarme con la gente.
- Me gusta conectarme con otros, pero espero que ellos tomen la iniciativa.
- Me conecto con los demás cuando me resulta provechoso.
- Me conecto con la gente que lidero para nuestro beneficio mutuo.
- Procuro conectarme con todos.

Explique por qué escogió su respuesta.

_____
_____
_____
_____
_____

ACTÚE

Piense en la respuesta que dio a la última pregunta. Si su respuesta no fue una de las dos últimas alternativas, tiene trabajo que hacer, ya sea en su disposición a conectarse con los demás o en sus motivaciones. Recordando que en 1 Juan 4:20 se afirma: «Si alguno dice: Yo amo a Dios, y aborrece a su hermano, es mentiroso», ¿qué debe hacer para cambiar?

_____
_____
_____
_____

¿Qué paso tangible dará esta semana para empezar a establecer mejores conexiones con otros?

_____
_____
_____
_____
_____

Preguntas para discusión en grupo

1. ¿Qué era lo que estaba en juego para Jacob, Absalón y Pablo cuando procuraron establecer conexiones en los pasajes leídos?

2. El pasaje dice que por cuatro años Absalón se encontraba con personas en el camino. ¿Cuál es su reacción a eso?

3. ¿Qué bases había sentado Pablo con Filemón antes de escribirle la carta a favor de Onésimo? ¿Qué importancia piensa usted que tuvieron esos antecedentes?

4. ¿Trata de conectarse regularmente con la gente que lidera? Si es así, ¿cómo lo hace?

5. ¿Cuándo deja de ser necesario conectarse con las personas que lidera?

6. ¿Cuál es la enseñanza más grande que ha obtenido de esta lección?

7. ¿Qué cambios en su liderazgo piensa usted que Dios le está pidiendo que haga como resultado de esta lección? ¿Cómo se propone cambiar y cuándo actuará al respecto?

LA LEY DEL CÍRCULO ÍNTIMO

El potencial de un líder lo determinan quienes están más cerca de él

DEFINICIÓN DE LA LEY

Cuando vemos personas sumamente exitosas, resulta fácil creer que llegaron donde están por sí solos. Frecuentemente deseamos darles todo el crédito, pero creer eso es tragarse una mentira. Nada verdaderamente magnífico o impactante es producto de una sola persona. Esto es particularmente verdadero en cuanto a los líderes. Para que un líder lo logre todo, o que aun sea considerado líder, necesita tener un equipo. Juntos, pueden tener un impacto. La magnitud del impacto depende de los miembros del equipo, y en particular, de los que ocupan el círculo íntimo. El potencial de un líder lo determinan quienes están más cerca de él o ella. Esa es la Ley del Círculo Íntimo.

La mayoría de nosotros naturalmente creamos un círculo íntimo, ese grupo reducido de individuos en quienes confiamos y con quienes pasamos la mayor parte del tiempo. Sin embargo, esto no siempre lo hacemos de manera estratégica. Tendemos a rodearnos de aquellos que nos caen bien o de personas con las que nos sentimos cómodos. Pero no siempre pensamos sobre cómo cada uno de ellos puede afectar nuestra eficacia o potencial de liderazgo. Esto lo vemos todo el tiempo con atletas y entretenedores famosos. Algunos de ellos, a pesar de poseer mucho talento o dones, parecen nunca alcanzar su potencial. Otros, en realidad, se autodestruyen al tomar decisiones que les cuestan sus carreras o su seguridad financiera. Con frecuencia, esas equivocaciones pueden atribuírseles al tipo de personas con las cuales pasan la mayor parte de su tiempo.

Para poner en práctica la Ley del Círculo Íntimo, hay que ser intencional en cuanto a las personas que se admiten en ese círculo. ¿En quienes debe confiar más y pasar la mayor parte de su tiempo? Las personas del círculo íntimo de un líder deben representar bien al líder, deben hacer que el líder sea mejor, o ambas cosas.

En primer lugar, deberán ser dignos de confianza. Si van a representarle o a influir en usted, deberán mostrar excelencia, madurez y buen carácter en todo lo que hacen. Si el historial de un individuo a través del tiempo no demuestra esas cualidades, retírelo de la lista de candidatos.

Luego, deberán agregarle valor al equipo y a usted. Un equipo se compone de individuos que aportan en todos los niveles. Las personas que invite a su círculo íntimo deberán tener antecedentes comprobados de ser valiosos, tanto para la organización como para usted en lo personal. Si restan más de lo que suman, no pertenecen a su círculo íntimo.

Su círculo íntimo deberá incluir individuos que tengan mucha influencia sobre otros. Los influenciadores transmiten su visión y sus valores al resto del equipo y más allá. También pueden hacerle un mejor líder, en la medida que usted les pida sus comentarios y escuche sus consejos.

También necesita personas que posean dones que complementen los suyos. Los líderes no pueden ser fuertes en todas las áreas. No forme un equipo con individuos que sean iguales a usted. En lugar de ello, incluya personas en su círculo íntimo que posean dones en áreas en áreas en las que usted no tenga ninguno. Ellos le permitirán enfocar su tiempo y sus energías en sus áreas fuertes. Además, su perspectiva particular le dará conocimientos que de otro modo habría pasado por alto.

Incluya individuos que ocupen posiciones estratégicas en el equipo. Ellos y usted deberán tener sus posturas alineadas, o toda la organización podría estar en problemas. Los miembros del círculo íntimo saben lo que usted está pensando mejor y antes que los demás. Los jugadores clave debieran estar en la sala cuando se toman decisiones importantes, de modo que sepan de inmediato cómo implementarlas.

Para incluirlos en su círculo íntimo, busque individuos que se lleven bien entre ellos y que le ayuden a usted y unos a otros a mejorar. Salomón, en la antigua Israel, reconoció esta verdad cuando escribió: «Hierro con hierro se aguza; y así el hombre aguza el rostro de su amigo» (Proverbios 27:17). Si desea que su círculo íntimo funcione como un equipo, entonces deberá asegurarse de que encajen bien unos con otros y que lleven a mejorarse unos a otros.

Es probable que descubra algunos candidatos potenciales que no están particularmente listos para formar parte de su círculo íntimo, pero podrían llegar a estarlo con un poco de ayuda. Estos individuos tienen mucho potencial, así que invierta su tiempo y sus energías en desarrollarles.

Si desea aumentar su capacidad y llevar su potencial de líder al máximo, el primer paso siempre es llegar a ser el mejor líder que pueda. El paso siguiente es rodearse de los mejores líderes que pueda hallar. Nunca olvide que el potencial de un líder lo determinan quienes están más cerca de él. Esa es la Ley del Círculo Íntimo. Esa es la única manera en la cual usted y su equipo lograrán alcanzar el nivel más alto posible.

CASOS DE ESTUDIO

Lea estos casos de estudio de la Biblia y responda a las preguntas subsiguientes.

1 El siervo de confianza de Abraham

Génesis 24:1-27

¹ Era Abraham ya viejo, y bien avanzado en años; y Jehová había bendecido a Abraham en todo.

² Y dijo Abraham a un criado suyo, el más viejo de su casa, que era el que gobernaba en todo lo que tenía: Pon ahora tu mano debajo de mi muslo, ³ y te juramentaré por Jehová, Dios de los cielos y Dios de la tierra, que no tomarás para mi hijo mujer de las hijas de los cananeos, entre los cuales yo habito; ⁴ sino que irás a mi tierra y a mi parentela, y tomarás mujer para mi hijo Isaac.

⁵ El criado le respondió: Quizá la mujer no querrá venir en pos de mí a esta tierra. ¿Volveré, pues, tu hijo a la tierra de donde saliste?

⁶ Y Abraham le dijo: Guárdate que no vuelvas a mi hijo allá.

⁷ Jehová, Dios de los cielos, que me tomó de la casa de mi padre y de la tierra de mi parentela, y me habló y me juró, diciendo: A tu descendencia daré esta tierra; él enviará su ángel delante de ti, y tú traerás de allá mujer para mi hijo.

⁸ Y si la mujer no quisiere venir en pos de ti, serás libre de este mi juramento; solamente que no vuelvas allá a mi hijo.

⁹ Entonces el criado puso su mano debajo del muslo de Abraham su señor, y le juró sobre este negocio.

¹⁰ Y el criado tomó diez camellos de los camellos de su señor, y se fue, tomando toda clase de regalos escogidos de su señor; y puesto en camino, llegó a Mesopotamia, a la ciudad de Nacor.

¹¹ E hizo arrodillar los camellos fuera de la ciudad, junto a un pozo de agua, a la hora de la tarde, la hora en que salen las doncellas por agua.

¹² Y dijo: Oh Jehová, Dios de mi señor Abraham, dame, te ruego, el tener hoy buen encuentro, y haz misericordia con mi señor Abraham.

¹³ He aquí yo estoy junto a la fuente de agua, y las hijas de los varones de esta ciudad salen por agua.

¹⁴ Sea, pues, que la doncella a quien yo dijere: Baja tu cántaro, te ruego, para que yo beba, y ella respondiere: Bebe, y también daré de beber a tus camellos; que sea ésta la que tú has destinado para tu siervo Isaac; y en esto conoceré que habrás hecho misericordia con mi señor.

¹⁵ Y aconteció que antes que él acabase de hablar, he aquí Rebeca, que había nacido a Betuel, hijo de Milca mujer de Nacor hermano de Abraham, la cual salía con su cántaro sobre su hombro.

¹⁶ Y la doncella era de aspecto muy hermoso, virgen, a la que varón no había conocido; la cual descendió a la fuente, y llenó su cántaro, y se volvía.

¹⁷ Entonces el criado corrió hacia ella, y dijo: Te ruego que me des a beber un poco de agua de tu cántaro.

¹⁸ Ella respondió: Bebe, señor mío; y se dio prisa a bajar su cántaro sobre su mano, y le dio a beber.

¹⁹ Y cuando acabó de darle de beber, dijo: También para tus camellos sacaré agua, hasta que acaben de beber.

²⁰ Y se dio prisa, y vació su cántaro en la pila, y corrió otra vez al pozo para sacar agua, y sacó para todos sus camellos.

²¹ Y el hombre estaba maravillado de ella, callando, para saber si Jehová había prosperado su viaje, o no.

²² Y cuando los camellos acabaron de beber, le dio el hombre un pendiente de oro que pesaba medio siclo, y dos brazaletes que pesaban diez, ²³ y dijo: ¿De quién eres hija? Te ruego que me digas: ¿hay en casa de tu padre lugar donde posemos?

²⁴ Y ella respondió: Soy hija de Betuel hijo de Milca, el cual ella dio a luz a Nacor.

²⁵ Y añadió: También hay en nuestra casa paja y mucho forraje, y lugar para posar.

²⁶ El hombre entonces se inclinó, y adoró a Jehová, ²⁷ y dijo: Bendito sea

Jehová, Dios de mi amo Abraham, que no apartó de mi amo su misericordia y su verdad, guiándome Jehová en el camino a casa de los hermanos de mi amo.

Preguntas de estudio

1. ¿Qué deducimos de la relación entre Abraham y su siervo de confianza cuando vemos que este es enviado a hallar esposa para Isaac?

   _____

   _____

   _____

   _____

2. ¿Por qué cree usted que Abraham no envió al mismo Isaac a Aram para que encontrara esposa?

   _____

   _____

   _____

3. ¿Por qué era tan importante para Abraham que Isaac no se casara con una mujer cananea? ¿Cómo podría relacionarse el matrimonio de Isaac con la Ley del Círculo Íntimo?

   _____

   _____

   _____

❷ Cómo aprovechar la Ley del Círculo Íntimo

2 Samuel 15:32-34

³² Cuando David llegó a la cumbre del monte para adorar allí a Dios, he aquí Husai arquita que le salió al encuentro, rasgados sus vestidos, y tierra sobre su cabeza. ³³ Y le dijo David: Si pasares conmigo, me serás carga.

³⁴ Mas si volvieres a la ciudad, y dijeres a Absalón: Rey, yo seré tu siervo; como hasta aquí he sido siervo de tu padre, así seré ahora siervo tuyo; entonces tú harás nulo el consejo de Ahitofel.

2 Samuel 17:1-16

¹ Entonces Ahitofel dijo a Absalón: Yo escogeré ahora doce mil hombres, y me levantaré y seguiré a David esta noche, ² y caeré sobre él mientras está cansado y débil de manos; lo atemorizaré, y todo el pueblo que está con él huirá, y mataré al rey solo.

³ Así haré volver a ti todo el pueblo (pues tú buscas solamente la vida de un hombre); y cuando ellos hayan vuelto, todo el pueblo estará en paz.

⁴ Este consejo pareció bien a Absalón y a todos los ancianos de Israel.

⁵ Y dijo Absalón: Llamad también ahora a Husai arquita, para que asimismo oigamos lo que él dirá.

⁶ Cuando Husai vino a Absalón, le habló Absalón, diciendo: Así ha dicho Ahitofel; ¿seguiremos su consejo, o no? Di tú.

⁷ Entonces Husai dijo a Absalón: El consejo que ha dado esta vez Ahitofel no es bueno.

⁸ Y añadió Husai: Tú sabes que tu padre y los suyos son hombres valientes, y que están con amargura de ánimo, como la osa en el campo cuando le han quitado sus cachorros. Además, tu padre es hombre de guerra, y no pasará la noche con el pueblo.

⁹ He aquí él estará ahora escondido en alguna cueva, o en otro lugar; y si al principio cayeren algunos de los tuyos, quienquiera que lo oyere dirá: El pueblo que sigue a Absalón ha sido derrotado.

¹⁰ Y aun el hombre valiente, cuyo corazón sea como corazón de león, desmayará por completo; porque todo Israel sabe que tu padre es hombre valiente, y que los que están con él son esforzados.

¹¹ Aconsejo, pues, que todo Israel se junte a ti, desde Dan hasta Beerseba, en multitud como la arena que está a la orilla del mar, y que tú en persona vayas a la batalla.

¹² Entonces le acometeremos en cualquier lugar en donde se hallare, y caeremos sobre él como cuando el rocío cae sobre la tierra, y ni uno dejaremos de él y de todos los que están con él.

13 Y si se refugiare en alguna ciudad, todos los de Israel llevarán sogas a aquella ciudad, y la arrastraremos hasta el arroyo, hasta que no se encuentre allí ni una piedra.

14 Entonces Absalón y todos los de Israel dijeron: El consejo de Husai arquita es mejor que el consejo de Ahitofel. Porque Jehová había ordenado que el acertado consejo de Ahitofel se frustrara, para que Jehová hiciese venir el mal sobre Absalón.

15 Dijo luego Husai a los sacerdotes Sadoc y Abiatar: Así y así aconsejó Ahitofel a Absalón y a los ancianos de Israel; y de esta manera aconsejé yo.

16 Por tanto, enviad inmediatamente y dad aviso a David, diciendo: No te quedes esta noche en los vados del desierto, sino pasa luego el Jordán, para que no sea destruido el rey y todo el pueblo que con él está.

Preguntas de estudio

1. ¿Qué opinión tenía David de Ahitofel?

_____

_____

_____

_____

2. ¿Qué tanto comprendía David la Ley del Círculo Íntimo? ¿Qué tanto la entendía Absalón?

_____

_____

_____

_____

3. ¿Qué piensa usted que habría sucedido si Absalón hubiera seguido el consejo de Ahitofel?

_____

_____

_____

_____

4. Cuando un líder tiene a más de un asesor sabio en su círculo íntimo, ¿cómo puede discernir de quién recibir consejo?

_____

_____

_____

_____

❸ Una dura verdad

2 Samuel 12:1-13

¹ Jehová envió a Natán a David; y viniendo a él, le dijo: Había dos hombres en una ciudad, el uno rico, y el otro pobre.

² El rico tenía numerosas ovejas y vacas; ³ pero el pobre no tenía más que una sola corderita, que él había comprado y criado, y que había crecido con él y con sus hijos juntamente, comiendo de su bocado y bebiendo de su vaso, y durmiendo en su seno; y la tenía como a una hija.

⁴ Y vino uno de camino al hombre rico; y éste no quiso tomar de sus ovejas y de sus vacas, para guisar para el caminante que había venido a él, sino que tomó la oveja de aquel hombre pobre, y la preparó para aquel que había venido a él.

⁵ Entonces se encendió el furor de David en gran manera contra aquel hombre, y dijo a Natán: Vive Jehová, que el que tal hizo es digno de muerte.

⁶ Y debe pagar la cordera con cuatro tantos, porque hizo tal cosa, y no tuvo misericordia.

⁷ Entonces dijo Natán a David: Tú eres aquel hombre. Así ha dicho Jehová, Dios de Israel: Yo te ungí por rey sobre Israel, y te libré de la mano de Saúl, ⁸ y te di la casa de tu señor, y las mujeres de tu señor en tu seno; además te di la casa de Israel y de Judá; y si esto fuera poco, te habría añadido mucho más.

⁹ ¿Por qué, pues, tuviste en poco la palabra de Jehová, haciendo lo malo delante de sus ojos? A Urías heteo heriste a espada, y tomaste por mujer a su mujer, y a él lo mataste con la espada de los hijos de Amón.

¹⁰ Por lo cual ahora no se apartará jamás de tu casa la espada, por cuanto me menospreciaste, y tomaste la mujer de Urías heteo para que fuese tu mujer.

11 Así ha dicho Jehová: He aquí yo haré levantar el mal sobre ti de tu misma casa, y tomaré tus mujeres delante de tus ojos, y las daré a tu prójimo, el cual yacerá con tus mujeres a la vista del sol.

12 Porque tú lo hiciste en secreto; mas yo haré esto delante de todo Israel y a pleno sol.

13 Entonces dijo David a Natán: Pequé contra Jehová.

Preguntas de estudio

1. ¿Qué tan difícil cree usted que fue para Natán confrontar al rey David?

2. ¿Por qué usó Natán una historia para comunicarse con David en lugar de confrontarlo directamente desde un principio acerca de Urías y su esposa Betsabé?

3. ¿Qué nos dice la respuesta de David a la confrontación acerca de él como persona y como líder?

PERSPECTIVAS DE LIDERAZGO
Y REFLEXIÓN

Basado en los pasajes que leímos, ¿cuáles son los beneficios de un círculo íntimo?

_____

_____

_____

_____

_____

¿Cuáles son los peligros potenciales de un círculo íntimo?

_____

_____

_____

_____

_____

Escriba los nombres de las personas que forman parte de su círculo íntimo: aquellos parientes, amigos, miembros del equipo, colegas, mentores y asesores que influyen su manera de pensar y sus acciones. Junto a sus nombres, escriba cómo influyen en usted. Coloque un signo de más junto a los que le agregan valor y un signo de menos junto a los que no ejercen una influencia claramente positiva. (No considere a nadie como neutral. Si alguno le parece neutral, piense hasta que encuentre algo positivo o negativo de esa persona).

_____

_____

_____

_____

_____

Evalúe su lista. ¿Hay más positivos o más negativos? Si hay muchos negativos, procure determinar por qué está atrayendo y aceptando personas negativas.

ACTÚE

Su meta en la vida deberá ser rodearse de personas que ejerzan una influencia positiva sobre usted y su liderazgo (permitiéndole así ser una influencia positiva en las vidas de otros). ¿Qué puede hacer para protegerse de las influencias negativas y buscar otras influencias positivas para traerlas a su círculo íntimo?

PREGUNTAS PARA DISCUSIÓN EN GRUPO

1. ¿Cuál fue el resultado de que Abraham enviara a su siervo a buscar esposa para Isaac: suerte, fe o liderazgo estratégico? Explique.

2. ¿Cómo cree usted que se sintió David cuando Absalón se rebeló en su contra e intentó arrebatarle el trono? ¿Habría sido usted tan estratégico como David y lucharía contra Absalón? ¿O se sentiría desmoralizado y se daría por vencido? Explique.

3. ¿Qué tipos de consejos dieron los miembros del círculo íntimo en las historias que leímos?

4. ¿Por qué piensa usted que David estuvo presto a recibir los comentarios de Natán? ¿Qué hizo que estuviera dispuesto a escuchar y a responder como lo hizo?

5. ¿A quién ha dado permiso usted para que le hable como Natán le habló a David? ¿Cómo responde usted típicamente?

6. ¿Cuál es la enseñanza más grande acerca de la Ley del Círculo Íntimo que usted ha obtenido de esta lección?

7. ¿Qué acción cree usted que Dios le está pidiendo que haga con relación a su círculo íntimo como resultado de esta lección? ¿Cuándo y cómo lo hará?

LA LEY DEL OTORGAMIENTO DE PODERES

Solo los líderes seguros otorgan poder a otros

DEFINICIÓN DE LA LEY

Después de haber influido en otros para que les sigan, los líderes eficaces guían a sus seguidores y les otorgan poder. La orientación le dice a la gente a dónde ir y qué hacer. El empoderamiento les da los recursos y la capacidad para llegar allí. Cuando los líderes ofrecen recursos y autoridad, abren un camino despejado entre los seguidores y la meta asignada. Cuando las personas están empoderadas, son capaces de hacer el trabajo y de alcanzar su potencial pleno. Y así todos ganan.

Cuando los líderes asignan responsabilidades sin brindar recursos ni autoridad, socavan en lugar de empoderar. Y el camino hacia la meta queda obstaculizado por barreras inmensas que los seguidores tienen que luchar para vencerlas. Algunas veces logran llegar a la meta, pero solo tras un gran esfuerzo. La organización y el líder podrían triunfar a corto plazo, pero los miembros del equipo tendrán la sensación de haber perdido. Y si constantemente se enfrentan a obstáculos que el líder deja o coloca, la gente se da por vencida y deja de intentarlo, o se va. Las personas desean seguir a líderes que les den oportunidades y que los preparen para alcanzar el éxito y elevar su potencial al máximo.

Por desdicha, este es un problema común. Pero ¿por qué un líder dificultaría el éxito de sus seguidores? ¿Por qué hay tantos líderes que carecen de la capacidad o de la voluntad para otorgarle poder a sus seguidores? Porque sienten inseguridad. La inseguridad crea sus propias barreras, las que el líder deberá vencer para poder otorgarle poder a su gente. Las siguientes son algunas barreras que impiden el empoderamiento:

Deseo de seguridad laboral. Los líderes inseguros temen que si ayudan a sus subalternos, ellos pueden ser prescindibles. Pero la realidad es que cuando uno otorga poder coherentemente a otros y les ayuda a desarrollarse lo suficiente como para que ocupen nuestra posición, uno se torna tan valioso para la organización que llega a ser imprescindible. Desarrollará un patrón de logros, excelencia y liderazgo. Si sus equipos siempre parecen alcanzar el éxito, las personas intuirán que usted los está dirigiendo bien.

Resistencia a los cambios. Otorgar poder es una fuente de cambios constantes porque, cuando usted otorga autoridad, permite que otros tomen sus propias decisiones, las cuales probablemente serán diferentes de las suyas. Esto puede ser estresante porque significa ceder el control. Sin embargo, al darle rienda suelta a los miembros de su equipo para que alcancen la meta como mejor les parezca, los habilita para que desarrollen su creatividad y aptitudes para solucionar problemas. También se sentirán orgullosos de lo que han logrado. Y la organización se beneficia por las nuevas y mejores maneras de pensar. Otorgar poder es convertirse en un agente de cambio.

Falta de autoestima. Los líderes que otorgan poder creen en su gente porque creen en sí mismos. Se ven a sí mismos como obras aún en desarrollo y se sienten tranquilos con saber que cometerán errores. Ese sentimiento de seguridad personal les da la confianza para aceptar responsabilidades y autoridad para el papel que desempeñan, lo que les permite delegar autoridad a su gente y darles crédito por lo que hayan logrado.

Los líderes que otorgan poder eliminan las barreras que hay entre el equipo y la meta, porque creen en sí mismos, en su misión y en su gente. Solo los líderes seguros otorgan poder a otros. Y eso es algo poderoso, tanto para los líderes como para los seguidores. Engrandecer a otros nos hace más grandes. Ese es el efecto de la Ley del Otorgamiento de Poderes. Es un impacto que puede experimentar como líder siempre y cuando esté dispuesto a creer en las personas y cederles su poder.

CASOS DE ESTUDIO

Lea estos casos de estudio de la Biblia y responda a las preguntas subsiguientes.

❶ Moisés, el hombre orquesta

Éxodo 18:13-26

[13] Aconteció que al día siguiente se sentó Moisés a juzgar al pueblo; y el pueblo estuvo delante de Moisés desde la mañana hasta la tarde.

[14] Viendo el suegro de Moisés todo lo que él hacía con el pueblo, dijo: ¿Qué es esto que haces tú con el pueblo? ¿Por qué te sientas tú solo, y todo el pueblo está delante de ti desde la mañana hasta la tarde?

[15] Y Moisés respondió a su suegro: Porque el pueblo viene a mí para consultar a Dios.

[16] Cuando tienen asuntos, vienen a mí; y yo juzgo entre el uno y el otro, y declaro las ordenanzas de Dios y sus leyes.

[17] Entonces el suegro de Moisés le dijo: No está bien lo que haces.

[18] Desfallecerás del todo, tú, y también este pueblo que está contigo; porque el trabajo es demasiado pesado para ti; no podrás hacerlo tú solo.

[19] Oye ahora mi voz; yo te aconsejaré, y Dios estará contigo. Está tú por el pueblo delante de Dios, y somete tú los asuntos a Dios.

[20] Y enseña a ellos las ordenanzas y las leyes, y muéstrales el camino por donde deben andar, y lo que han de hacer.

[21] Además escoge tú de entre todo el pueblo varones de virtud, temerosos de Dios, varones de verdad, que aborrezcan la avaricia; y ponlos sobre el pueblo por jefes de millares, de centenas, de cincuenta y de diez.

[22] Ellos juzgarán al pueblo en todo tiempo; y todo asunto grave lo traerán a ti, y ellos juzgarán todo asunto pequeño. Así aliviarás la carga de sobre ti, y la llevarán ellos contigo.

[23] Si esto hicieres, y Dios te lo mandare, tú podrás sostenerte, y también todo este pueblo irá en paz a su lugar.

[24] Y oyó Moisés la voz de su suegro, e hizo todo lo que dijo.

[25] Escogió Moisés varones de virtud de entre todo Israel, y los puso por jefes sobre el pueblo, sobre mil, sobre ciento, sobre cincuenta, y sobre diez.

[26] Y juzgaban al pueblo en todo tiempo; el asunto difícil lo traían a Moisés, y ellos juzgaban todo asunto pequeño.

Preguntas de estudio

1. ¿Por qué Moisés estaba actuando solo como juez y haciéndolo todo él mismo?

_____

_____

_____

_____

_____

2. ¿Qué nos indican las observaciones que hizo Jetro y el consejo que dio acerca de su capacidad de liderazgo?

_____

_____

_____

_____

_____

_____

3. ¿Por qué piensa usted que Jetro aconsejó a Moisés que nombrara líderes para grupos diferentes: de mil, cien, cincuenta y diez?

_____

_____

_____

_____

_____

_____

4. ¿Qué hizo que Moisés estuviera dispuesto a poner en práctica el plan de Jetro?

_____

_____

_____

_____

_____

② Esdras recibe poder para liderar

Esdras 7:11-28

---

[11] *Esta es la copia de la carta que dio el rey Artajerjes al sacerdote Esdras, escriba versado en los mandamientos de Jehová y en sus estatutos a Israel:* [12] *Artajerjes rey de reyes, a Esdras, sacerdote y escriba erudito en la ley del Dios del cielo: Paz.*

[13] *Por mí es dada orden que todo aquel en mi reino, del pueblo de Israel y de sus sacerdotes y levitas, que quiera ir contigo a Jerusalén, vaya.*

[14] *Porque de parte del rey y de sus siete consejeros eres enviado a visitar a Judea y a Jerusalén, conforme a la ley de tu Dios que está en tu mano;* [15] *y a llevar la plata y el oro que el rey y sus consejeros voluntariamente ofrecen al Dios de Israel, cuya morada está en Jerusalén,* [16] *y toda la plata y el oro que halles en toda la provincia de Babilonia, con las ofrendas voluntarias del pueblo y de los sacerdotes, que voluntariamente ofrecieren para la casa de su Dios, la cual está en Jerusalén.*

[17] *Comprarás, pues, diligentemente con este dinero becerros, carneros y corderos, con sus ofrendas y sus libaciones, y los ofrecerás sobre el altar de la casa de vuestro Dios, la cual está en Jerusalén.*

[18] *Y lo que a ti y a tus hermanos os parezca hacer de la otra plata y oro, hacedlo conforme a la voluntad de vuestro Dios.*

[19] *Los utensilios que te son entregados para el servicio de la casa de tu Dios, los restituirás delante de Dios en Jerusalén.*

[20] *Y todo lo que se requiere para la casa de tu Dios, que te sea necesario dar, lo darás de la casa de los tesoros del rey.*

[21] *Y por mí, Artajerjes rey, es dada orden a todos los tesoreros que están al otro lado del río, que todo lo que os pida el sacerdote Esdras, escriba de la ley del Dios del cielo, se le conceda prontamente,* [22] *hasta cien talentos de plata, cien coros de trigo, cien batos de vino, y cien batos de aceite; y sal sin medida.*

[23] *Todo lo que es mandado por el Dios del cielo, sea hecho prontamente para la casa del Dios del cielo; pues, ¿por qué habría de ser su ira contra el reino del rey y de sus hijos?*

[24] *Y a vosotros os hacemos saber que a todos los sacerdotes y levitas, cantores, porteros, sirvientes del templo y ministros de la casa de Dios, ninguno podrá imponerles tributo, contribución ni renta.*

25 Y tú, Esdras, conforme a la sabiduría que tienes de tu Dios, pon jueces y gobernadores que gobiernen a todo el pueblo que está al otro lado del río, a todos los que conocen las leyes de tu Dios; y al que no las conoce, le enseñarás.

26 Y cualquiera que no cumpliere la ley de tu Dios, y la ley del rey, sea juzgado prontamente, sea a muerte, a destierro, a pena de multa, o prisión.

27 Bendito Jehová Dios de nuestros padres, que puso tal cosa en el corazón del rey, para honrar la casa de Jehová que está en Jerusalén, 28 e inclinó hacia mí su misericordia delante del rey y de sus consejeros, y de todos los príncipes poderosos del rey. Y yo, fortalecido por la mano de mi Dios sobre mí, reuní a los principales de Israel para que subiesen conmigo.

Preguntas de estudio

1. ¿Cuáles fueron las maneras en las cuales Artajerjes, rey de Persia, trabajó para otorgarle poder a Esdras y prepararlo para el éxito? Explique.

2. ¿Qué impacto dice Esdras que tuvo eso en él?

3. ¿Qué podemos concluir de Artajerjes como líder a partir de este pasaje?

③ Jesús otorga poder y advierte

Mateo 10:1-33

¹ Entonces llamando a sus doce discípulos, les dio autoridad sobre los espíritus inmundos, para que los echasen fuera, y para sanar toda enfermedad y toda dolencia.

² Los nombres de los doce apóstoles son estos: primero Simón, llamado Pedro, y Andrés su hermano; Jacobo hijo de Zebedeo, y Juan su hermano; ³ Felipe, Bartolomé, Tomás, Mateo el publicano, Jacobo hijo de Alfeo, Lebeo, por sobrenombre Tadeo,

⁴ Simón el cananista, y Judas Iscariote, el que también le entregó.

⁵ A estos doce envió Jesús, y les dio instrucciones, diciendo: Por camino de gentiles no vayáis, y en ciudad de samaritanos no entréis, ⁶ sino id antes a las ovejas perdidas de la casa de Israel.

⁷ Y yendo, predicad, diciendo: El reino de los cielos se ha acercado.

⁸ Sanad enfermos, limpiad leprosos, resucitad muertos, echad fuera demonios; de gracia recibisteis, dad de gracia.

⁹ No os proveáis de oro, ni plata, ni cobre en vuestros cintos; ¹⁰ ni de alforja para el camino, ni de dos túnicas, ni de calzado, ni de bordón; porque el obrero es digno de su alimento.

¹¹ Mas en cualquier ciudad o aldea donde entréis, informaos quién en ella sea digno, y posad allí hasta que salgáis.

¹² Y al entrar en la casa, saludadla.

¹³ Y si la casa fuere digna, vuestra paz vendrá sobre ella; mas si no fuere digna, vuestra paz se volverá a vosotros.

¹⁴ Y si alguno no os recibiere, ni oyere vuestras palabras, salid de aquella casa o ciudad, y sacudid el polvo de vuestros pies.

¹⁵ De cierto os digo que en el día del juicio, será más tolerable el castigo para la tierra de Sodoma y de Gomorra, que para aquella ciudad.

¹⁶ He aquí, yo os envío como a ovejas en medio de lobos; sed, pues, prudentes como serpientes, y sencillos como palomas.

¹⁷ Y guardaos de los hombres, porque os entregarán a los concilios, y en sus sinagogas os azotarán; [18] y aun ante gobernadores y reyes seréis llevados por causa de mí, para testimonio a ellos y a los gentiles.

[19] Mas cuando os entreguen, no os preocupéis por cómo o qué hablaréis; porque en aquella hora os será dado lo que habéis de hablar.

[20] Porque no sois vosotros los que habláis, sino el Espíritu de vuestro Padre que habla en vosotros.

[21] El hermano entregará a la muerte al hermano, y el padre al hijo; y los hijos se levantarán contra los padres, y los harán morir.

[22] Y seréis aborrecidos de todos por causa de mi nombre; mas el que persevere hasta el fin, éste será salvo.

[23] Cuando os persigan en esta ciudad, huid a la otra; porque de cierto os digo, que no acabaréis de recorrer todas las ciudades de Israel, antes que venga el Hijo del Hombre.

[24] El discípulo no es más que su maestro, ni el siervo más que su señor.

[25] Bástale al discípulo ser como su maestro, y al siervo como su señor. Si al padre de familia llamaron Beelzebú, ¿cuánto más a los de su casa?

[26] Así que, no los temáis; porque nada hay encubierto, que no haya de ser manifestado; ni oculto, que no haya de saberse.

[27] Lo que os digo en tinieblas, decidlo en la luz; y lo que oís al oído, proclamadlo desde las azoteas.

[28] Y no temáis a los que matan el cuerpo, mas el alma no pueden matar; temed más bien a aquel que puede destruir el alma y el cuerpo en el infierno.

[29] ¿No se venden dos pajarillos por un cuarto? Con todo, ni uno de ellos cae a tierra sin vuestro Padre.

[30] Pues aun vuestros cabellos están todos contados.

[31] Así que, no temáis; más valéis vosotros que muchos pajarillos.

[32] A cualquiera, pues, que me confiese delante de los hombres, yo también le confesaré delante de mi Padre que está en los cielos.

[33] Y a cualquiera que me niegue delante de los hombres, yo también le negaré delante de mi Padre que está en los cielos.

Preguntas de estudio

1. ¿Qué autoridad específica otorgó Jesús a sus doce discípulos?

   _____

   _____

   _____

   _____

   _____

2. ¿Cuáles responsabilidades les delegó Jesús a ellos?

   _____

   _____

   _____

   _____

   _____

3. ¿Por qué piensa usted que Jesús les dijo que no llevaran dinero, ropa ni suministros de más cuando los envió?

   _____

   _____

   _____

   _____

   _____

4. ¿Por qué piensa usted que Jesús les advirtió acerca de las cosas negativas que sucederían a sus seguidores? ¿Qué nos indica esto acerca del liderazgo de Jesús?

   _____

   _____

   _____

   _____

   _____

Perspectivas de liderazgo y reflexión

¿Cuál fue la motivación que tuvo cada líder para delegar en los pasajes que leímos? La autoridad que confirieron a otros, ¿fue un otorgamiento de poder o no lo fue? Explique.

_____

_____

_____

_____

_____

_____

_____

_____

¿Qué autoridad necesita darles a otros con el fin de otorgarles poder para ser más eficaces? ¿La ha estado dando? Explique.

_____

_____

_____

_____

_____

_____

_____

Si no ha estado empoderando a otros de modo eficaz, ¿cuál ha sido la causa de esta falla? Encierre en un círculo todas las causas que correspondan.

- Falta de confianza en las personas a quienes lidera.
- Fracasos o errores del pasado cometidos por personas a quienes usted les delegó.
- Inseguridad por temor a ser opacado o desplazado.
- Incertidumbre sobre cómo delegar.
- Falta de autoridad para delegar.

¿Qué indica su respuesta acerca de las áreas en las que necesita crecer y cambiar?

_____

_____

_____

_____

_____

_____

_____

_____

ACTÚE

Piense acerca de su respuesta a la última pregunta. ¿Qué acción específica puede realizar para vencer el obstáculo más grande que tiene para delegar y otorgar poder a otros? ¿Cuándo lo hará?

_____

_____

_____

_____

_____

_____

_____

_____

_____

_____

_____

_____

_____

_____

_____

_____

Preguntas para discusión en grupo

1. Si hubiera estado en la posición de Moisés, ¿cómo habría respondido a las críticas de Jetro?

2. El sistema de Jetro le funcionó a Moisés. ¿Cómo cree usted que también influyó en los israelitas para el éxito en el futuro?

3. ¿Por qué piensa usted que Artajerjes hizo lo que hizo por Esdras y los israelitas?

4. Si usted hubiera sido uno de los discípulos, ¿cuál habría sido su respuesta a las instrucciones de Jesús? ¿Habría estado más emocionado por el poder que se le estaba otorgando o más atemorizado por los desafíos que enfrentaría?

5. ¿Alguna vez ha experimentado una época en la que sintió que Dios le estaba entregando algo difícil e importante que hacer? ¿Cómo respondió? ¿Qué aprendió?

6. ¿Cuál es la enseñanza más importante que obtuvo de esta lección?

7. ¿Qué cambios en su liderazgo cree usted que Dios le está pidiendo que haga para convertirse en un líder que otorga poder de mejor manera? ¿Qué acción piensa llevar a cabo y cuándo lo hará? Si necesitara la ayuda de alguien para lograrlo, ¿a quién buscaría y cómo podría ayudarle esa persona?

LECCIÓN 13

LA LEY DE LA IMAGEN

La gente hace lo que ve

DEFINICIÓN DE LA LEY

Los líderes son los administradores de la visión general. Son los responsables de la visión que tienen para el presente y el futuro del equipo o de la organización. Y si bien la imagen está clara a sus ojos, para sus seguidores se ve borrosa. Los líderes eficaces *comparten* la imagen completa de la visión de modo coherente para ayudar a que sus seguidores la *comprendan*. Pero más importante aún es que deben *vivirla* con congruencia si desean que los seguidores *actúen* en base a ella. Porque la gente hace lo que ve. Esa es la Ley de la Imagen.

La mayoría de los líderes pasa mucho tiempo hablando o escribiendo de la imagen completa (es decir, la meta a largo plazo) y eso es importante. Hay que comunicarla de forma clara y creativa. Pero la comunicación requiere más que palabras. Describir lo que usted quiere que los demás hagan no basta. También hay que demostrarlo. Modelar la imagen de manera eficaz es lo que la enfoca y convence a sus seguidores de que la busquen junto con usted.

Lo que la gente ve es lo que cree. Y los seguidores siempre le estarán observando. Si usted es padre de familia, sabe que sus hijos siempre le están observando. En última instancia, no importa lo que les diga; sus hijos creerán lo que vean que usted hace. Es igual con los líderes y los seguidores. Estos siempre comparan las palabras del líder con sus acciones. Y siempre creerán que el comportamiento del líder representa lo que valora en realidad, mucho más que lo que diga.

Lo que la gente ve es lo que hace. Por eso es más importante hacer lo que usted quiere que se haga que enseñar lo que usted quiere que se haga. Después de todo, no importa cuántas veces los padres de familia (y los jefes) digan: «Haz lo que digo; no lo que hago»; eso no da resultado. La gente quiere seguir a un líder que ha pasado por eso y ha hecho lo pertinente. Muchos líderes son como un mal agente de viajes. Tratan de enviar a sus seguidores a lugares a los que nunca han ido. Sin embargo, los mejores líderes son como guías turísticos que conducen a su gente en el viaje y guían con el ejemplo. Continúan guiando verbalmente a sus seguidores y les piden cuentas, pero también presentan un modelo evidente para que los seguidores lo imiten.

La gente recuerda lo que ve. La imagen completa no solo empieza siendo poco clara para los seguidores, sino que también pierde claridad con el paso del tiempo. La imagen se desvanece cuando no se le recuerda a la gente una y otra vez. Insisto: los líderes eficaces comparten las metas a largo plazo verbalmente todo el tiempo. Pero no se detienen allí. Para mantener a su gente enfocada continuamente en la imagen completa, actúe basado en ella de modo coherente. Para conservar la imagen en la mente de las personas, a fin de que actúen de acuerdo con ella, los líderes deberán demostrarla diariamente.

Modelar la imagen de modo congruente requiere un buen autoliderazgo. Hacer lo correcto día tras día no es natural ni tampoco fácil. Pero es esencial, así que uno tiene que empezar por recordarse a sí mismo la imagen completa. Compárela con sus acciones, exíjase a sí mismo la rendición de cuentas y aprenda de sus errores. Solo cuando las acciones del líder estén alineadas con la imagen completa, esta se convertirá en realidad. La gente hace lo que ve. Esa es la Ley de la Imagen.

CASOS DE ESTUDIO

Lea estos casos de estudio de la Biblia y responda a las preguntas subsiguientes.

① Josías: un rey como ningún otro

2 Reyes 23:1-16, 24-25

¹ Entonces el rey mandó reunir con él a todos los ancianos de Judá y de Jerusalén.

² Y subió el rey a la casa de Jehová con todos los varones de Judá, y con todos los moradores de Jerusalén, con los sacerdotes y profetas y con todo el pueblo, desde el más chico hasta el más grande; y leyó, oyéndolo ellos, todas las palabras del libro del pacto que había sido hallado en la casa de Jehová.

³ Y poniéndose el rey en pie junto a la columna, hizo pacto delante de Jehová, de que irían en pos de Jehová, y guardarían sus mandamientos, sus testimonios y sus estatutos, con todo el corazón y con toda el alma, y que cumplirían las palabras del pacto que estaban escritas en aquel libro. Y todo el pueblo confirmó el pacto.

⁴ Entonces mandó el rey al sumo sacerdote Hilcías, a los sacerdotes de segundo orden, y a los guardianes de la puerta, que sacasen del templo de Jehová todos los utensilios que habían sido hechos para Baal, para Asera y para todo el ejército de los cielos; y los quemó fuera de Jerusalén en el campo del Cedrón, e hizo llevar las cenizas de ellos a Bet-el.

⁵ Y quitó a los sacerdotes idólatras que habían puesto los reyes de Judá para que quemasen incienso en los lugares altos en las ciudades de Judá, y en los alrededores de Jerusalén; y asimismo a los que quemaban incienso a Baal, al sol y a la luna, y a los signos del zodíaco, y a todo el ejército de los cielos.

⁶ Hizo también sacar la imagen de Asera fuera de la casa de Jehová, fuera de Jerusalén, al valle del Cedrón, y la quemó en el valle del Cedrón, y la convirtió en polvo, y echó el polvo sobre los sepulcros de los hijos del pueblo.

⁷ Además derribó los lugares de prostitución idolátrica que estaban en la casa de Jehová, en los cuales tejían las mujeres tiendas para Asera.

⁸ E hizo venir todos los sacerdotes de las ciudades de Judá, y profanó los lugares altos donde los sacerdotes quemaban incienso, desde Geba hasta Beerseba; y derribó los altares de las puertas que estaban a la entrada de la puerta de Josué, gobernador de la ciudad, que estaban a la mano izquierda, a la puerta de la ciudad.

⁹ Pero los sacerdotes de los lugares altos no subían al altar de Jehová en Jerusalén, sino que comían panes sin levadura entre sus hermanos.

¹⁰ Asimismo profanó a Tofet, que está en el valle del hijo de Hinom, para que ninguno pasase su hijo o su hija por fuego a Moloc.

¹¹ Quitó también los caballos que los reyes de Judá habían dedicado al sol a la entrada del templo de Jehová, junto a la cámara de Natán-melec eunuco, el cual tenía a su cargo los ejidos; y quemó al fuego los carros del sol.

¹² Derribó además el rey los altares que estaban sobre la azotea de la sala de Acaz, que los reyes de Judá habían hecho, y los altares que había hecho Manasés en los dos atrios de la casa de Jehová; y de allí corrió y arrojó el polvo al arroyo del Cedrón.

¹³ Asimismo profanó el rey los lugares altos que estaban delante de Jerusalén, a la mano derecha del monte de la destrucción, los cuales Salomón rey de Israel había edificado a Astoret ídolo abominable de los sidonios, a Quemos ídolo abominable de Moab, y a Milcom ídolo abominable de los hijos de Amón.

14 Y quebró las estatuas, y derribó las imágenes de Asera, y llenó el lugar de ellos de huesos de hombres.

15 Igualmente el altar que estaba en Bet-el, y el lugar alto que había hecho Jeroboam hijo de Nabat, el que hizo pecar a Israel; aquel altar y el lugar alto destruyó, y lo quemó, y lo hizo polvo, y puso fuego a la imagen de Asera.

16 Y se volvió Josías, y viendo los sepulcros que estaban allí en el monte, envió y sacó los huesos de los sepulcros, y los quemó sobre el altar para contaminarlo, conforme a la palabra de Jehová que había profetizado el varón de Dios, el cual había anunciado esto. [...]

24 Asimismo barrió Josías a los encantadores, adivinos y terafines, y todas las abominaciones que se veían en la tierra de Judá y en Jerusalén, para cumplir las palabras de la ley que estaban escritas en el libro que el sacerdote Hilcías había hallado en la casa de Jehová.

25 No hubo otro rey antes de él, que se convirtiese a Jehová de todo su corazón, de toda su alma y de todas sus fuerzas, conforme a toda la ley de Moisés; ni después de él nació otro igual.

Preguntas de estudio

1. ¿Por qué cree usted que el propio Josías leyó el libro del pacto al pueblo, en lugar de pedirle a un sacerdote que lo leyera?

2. La adoración a otros dioses era un problema continuo en Israel y Judá en el tiempo de los reyes, remontándose a los días de Salomón. ¿Qué hizo Josías para tratar de detener esa práctica detestable? Mencione todas las acciones que encuentre. ¿Por qué fue tan riguroso?

3. El rey David fue llamado el hombre conforme al corazón de Dios, y al rey Salomón se le llamó el hombre más sabio de todos, pero de Josías se dijo: «No hubo otro rey

antes de él, que se convirtiese a Jehová de todo su corazón, de toda su alma y de todas sus fuerzas, conforme a toda la ley de Moisés». ¿Cuál es la importancia de esta afirmación? ¿Qué nos dice en cuanto a lo que Dios valora en los líderes?

_____

_____

_____

2 El ejemplo de Jesús es válido para todos los tiempos

Juan 13:1-17, 34-35

¹Antes de la fiesta de la pascua, sabiendo Jesús que su hora había llegado para que pasase de este mundo al Padre, como había amado a los suyos que estaban en el mundo, los amó hasta el fin.

² Y cuando cenaban, como el diablo ya había puesto en el corazón de Judas Iscariote, hijo de Simón, que le entregase, ³ sabiendo Jesús que el Padre le había dado todas las cosas en las manos, y que había salido de Dios, y a Dios iba, ⁴ se levantó de la cena, y se quitó su manto, y tomando una toalla, se la ciñó.

⁵ Luego puso agua en un lebrillo, y comenzó a lavar los pies de los discípulos, y a enjugarlos con la toalla con que estaba ceñido.

⁶ Entonces vino a Simón Pedro; y Pedro le dijo: Señor, ¿tú me lavas los pies?

⁷ Respondió Jesús y le dijo: Lo que yo hago, tú no lo comprendes ahora; mas lo entenderás después.

⁸ Pedro le dijo: No me lavarás los pies jamás. Jesús le respondió: Si no te lavare, no tendrás parte conmigo.

⁹ Le dijo Simón Pedro: Señor, no sólo mis pies, sino también las manos y la cabeza.

¹⁰ Jesús le dijo: El que está lavado, no necesita sino lavarse los pies, pues está todo limpio; y vosotros limpios estáis, aunque no todos.

¹¹ Porque sabía quién le iba a entregar; por eso dijo: No estáis limpios todos.

¹² Así que, después que les hubo lavado los pies, tomó su manto, volvió a la mesa, y les dijo: ¿Sabéis lo que os he hecho?

¹³ Vosotros me llamáis Maestro, y Señor; y decís bien, porque lo soy.

14 Pues si yo, el Señor y el Maestro, he lavado vuestros pies, vosotros también debéis lavaros los pies los unos a los otros.

15 Porque ejemplo os he dado, para que como yo os he hecho, vosotros también hagáis.

16 De cierto, de cierto os digo: El siervo no es mayor que su señor, ni el enviado es mayor que el que le envió.

17 Si sabéis estas cosas, bienaventurados seréis si las hiciereis. [...]

34 Un mandamiento nuevo os doy: Que os améis unos a otros; como yo os he amado, que también os améis unos a otros.

35 En esto conocerán todos que sois mis discípulos, si tuviereis amor los unos con los otros.

Preguntas de estudio

1. ¿Cuánto tiempo cree usted que le tomó a Jesús llevar a cabo este acto de servicio cuando se quitó su manto, lavó los pies de los doce y volvió a tomar su manto? ¿Por qué se tomó la molestia de hacer eso?

   _____

   _____

   _____

2. ¿Qué piensa usted que hicieron y pensaron los discípulos mientras Jesús estaba llevando a cabo esta tarea servil? ¿Qué impresión duradera podría haberles dado eso?

   _____

   _____

   _____

3. ¿Cómo respondió Pedro a la intención que tenía Jesús de lavarle los pies? ¿Qué nos comunica la respuesta de Jesús acerca de lo que es y lo que no es la responsabilidad del líder cuando sirve a su gente?

   _____

   _____

   _____

3 Cuanto más alto el líder, más importante su ejemplo

1 Corintios 4:1-4, 9, 11-17

[1] *Así, pues, tengannos los hombres por servidores de Cristo, y administradores de los misterios de Dios.*

[2] *Ahora bien, se requiere de los administradores, que cada uno sea hallado fiel.*

[3] *Yo en muy poco tengo el ser juzgado por vosotros, o por tribunal humano; y ni aun yo me juzgo a mí mismo.*

[4] *Porque aunque de nada tengo mala conciencia, no por eso soy justificado; pero el que me juzga es el Señor. [...]*

[9] *Porque según pienso, Dios nos ha exhibido a nosotros los apóstoles como postreros, como a sentenciados a muerte; pues hemos llegado a ser espectáculo al mundo, a los ángeles y a los hombres. [...]*

[11] *Hasta esta hora padecemos hambre, tenemos sed, estamos desnudos, somos abofeteados, y no tenemos morada fija.*

[12] *Nos fatigamos trabajando con nuestras propias manos; nos maldicen, y bendecimos; padecemos persecución, y la soportamos.*

[13] *Nos difaman, y rogamos; hemos venido a ser hasta ahora como la escoria del mundo, el desecho de todos.*

[14] *No escribo esto para avergonzaros, sino para amonestaros como a hijos míos amados.*

[15] *Porque aunque tengáis diez mil ayos en Cristo, no tendréis muchos padres; pues en Cristo Jesús yo os engendré por medio del evangelio.*

[16] *Por tanto, os ruego que me imitéis.*

[17] *Por esto mismo os he enviado a Timoteo, que es mi hijo amado y fiel en el Señor, el cual os recordará mi proceder en Cristo, de la manera que enseño en todas partes y en todas las iglesias.*

Preguntas de estudio

1. Pablo afirma que Dios le ha encomendado algo para que lo administre. ¿De qué manera es el liderazgo de cualquier tipo una especie de administración?

2. ¿Por qué Pablo menciona que tiene en poco ser juzgado por otros y que ni siquiera él se juzga a sí mismo? ¿Cómo se relaciona esa idea con darles ejemplo a los demás?

3. ¿Cuáles son los desafíos de ser un ejemplo para otros a la distancia? ¿Cómo abordó Pablo esos desafíos?

4. En 1 Corintios 12:28, Pablo sugiere que los apóstoles fueron puestos primeramente como líderes en la iglesia. En este pasaje Pablo dice que los apóstoles han sido exhibidos ante los demás como ejemplo. ¿Qué verdad sugiere eso en cuanto al ejemplo que deberán dar los líderes que llevan tanta responsabilidad?

Perspectivas de liderazgo y reflexión

Los tres individuos que se destacan en estos pasajes fueron líderes extraordinarios que establecieron un estándar alto para el liderazgo. Sin embargo, no podemos suponer que dar ese ejemplo fuera tarea fácil para ellos. ¿Qué desafíos piensa usted que cada uno de ellos tuvo que enfrentar para plasmar en vida la Ley de la Imagen?

_____

_____

_____

¿Cuáles desafíos enfrenta usted para vivir la Ley de la Imagen y dar un ejemplo positivo a las personas a quienes dirige?

_____

_____

Actúe

¿Cuáles pensamientos, actitudes, comportamientos y hábitos necesita cambiar usted para ser un mejor ejemplo para los que dirige?

_____

_____

_____

Haga una lista de lo que necesita cambiar. Para cada cosa, fíjese una fecha de inicio, al igual que una fecha para la cual espera terminar ese cambio.

Cambio	Inicio	Final

PREGUNTAS PARA DISCUSIÓN EN GRUPO

1. ¿Cuál es su reacción ante las prácticas paganas que Josías estaba eliminando entre los israelitas: la adoración a los ídolos, al cielo y a los falsos dioses; la prostitución idolátrica en el templo y el sacrificio de niños? ¿Cómo piensa usted que reaccionó Josías en lo emocional y en lo espiritual? ¿Cuál era su actitud mental? ¿Cómo piensa usted que impactó su manera de dirigir?

2. ¿Cuál piensa usted que era la mentalidad de Jesús al lavar los pies de los discípulos? ¿Cuál era su actitud? Explique.

3. ¿Cómo pueden los líderes comunicar eficazmente que quieren que las personas que lideran emulen el ejemplo que están dando? ¿Cómo pueden ayudar a las personas a establecer esa conexión?

4. La carta de Pablo a los corintios les estimuló a seguir su ejemplo. ¿Cree usted que se habrían desviado si él hubiera permanecido en Corinto? Explique su respuesta.

5. ¿Cuál es el desafío más grande que usted enfrenta para darles el ejemplo a los demás y por qué?

6. ¿Cuál es la enseñanza más importante que ha obtenido de esta lección?

7. ¿De qué manera está Dios queriendo cambiarle para que usted brinde una mejor imagen del liderazgo a los demás? ¿Cómo hará ese cambio?

LECCIÓN 14

LA LEY DEL APOYO

La gente apoya al líder, luego a la visión

DEFINICIÓN DE LA LEY

Todo líder anhela tener un «equipo de estrellas», un grupo cohesionado de seguidores que sienten pasión por seguir el sueño y están profundamente comprometidos con convertirlo en realidad. Por supuesto, el tamaño y trascendencia de esa visión es importante. Los seguidores tienen que creer en la causa, pero los líderes sabios saben que hay otra cosa que va primero. Las personas apoyan primero al líder y *luego* a la visión, no lo contrario. Esa es la Ley del Apoyo.

Muchos líderes entienden esto al revés. Se enfocan en idear y comunicar una visión magnífica. Creen que, si la causa es suficientemente buena, las personas automáticamente la apoyarán y la seguirán. Pero así no es como funciona. Las personas inicialmente no siguen causas dignas, sino que siguen a líderes dignos que promueven causas en las que pueden creer. El líder encuentra el sueño y luego a la gente. La gente encuentra al líder y luego al sueño.

Aun cuando las personas sientan pasión por un ideal, si no apoyan al líder, no podrán seguirle de todo corazón. No se entregarán por completo, y a veces eso significa que la visión no podrá cumplirse. Esa es una de las razones por las cuales los equipos deportivos profesionales cambian de entrenadores tan a menudo. La visión para todos los equipos es la misma y cada uno de los jugadores la acepta: todos quieren ganar el campeonato. Pero si los jugadores no creen en su entrenador, podría ser imposible tener una temporada ganadora. Cuando eso sucede, los propietarios no cambian la meta ni despiden a todos los jugadores. Despiden al entrenador y contratan a alguien que esperan que los jugadores podrán apoyar. Después de todo, el nivel de talento de la mayoría de los entrenadores profesionales es similar. La eficacia de sus sistemas no difiere tanto. Lo que frecuentemente varía es el liderazgo del entrenador y su nivel de credibilidad con los jugadores.

Cuando la gente cree en su líder y en su visión, seguirán al líder sin importar lo malas que se pongan las condiciones o que las probabilidades estén en su contra. Por eso fue que el pueblo indio en los días de Gandhi se unió a él negándose a tomar represalias en contra de los soldados, aun cuando estos los mataran. Eso fue lo que inspiró al programa espacial de Estados Unidos a cumplir la visión del presidente John F. Kennedy y enviar a un hombre a la luna. Esa fue la razón por la que la gente siguió teniendo esperanza y mantuvo vivo el sueño de Martin Luther King Jr., incluso después de que fue asesinado. Eso es lo que continúa inspirando a los seguidores a continuar en la carrera, aun cuando sientan que se han estrellado contra un muro y lo han dado todo.

Para aprovechar la Ley del Apoyo, hay que enfocarse primero en convertirse en un individuo que otros quisieran seguir. Se trata de desarrollar confianza. Una vez que otros se sientan convencidos de su credibilidad, estarán dispuestos a considerar su causa. La credibilidad más la causa conduce al compromiso.

Una vez que las personas le respeten y le tengan confianza, le seguirán a usted y seguirán su visión, sin reservas. Y cuanto más le respeten, más grande será la visión que acepten.

CASOS DE ESTUDIO

Lea estos casos de estudio de la Biblia y responda a las preguntas subsiguientes.

1 Una prueba de apoyo al liderazgo

Jueces 7:2-25

² Y Jehová dijo a Gedeón: El pueblo que está contigo es mucho para que yo entregue a los madianitas en su mano, no sea que se alabe Israel contra mí, diciendo: Mi mano me ha salvado.

³ Ahora, pues, haz pregonar en oídos del pueblo, diciendo: Quien tema y se estremezca, madrugue y devuélvase desde el monte de Galaad. Y se devolvieron de los del pueblo veintidós mil, y quedaron diez mil.

⁴ *Y Jehová dijo a Gedeón: Aún es mucho el pueblo; llévalos a las aguas, y allí te los probaré; y del que yo te diga: Vaya éste contigo, irá contigo; mas de cualquiera que yo te diga: Este no vaya contigo, el tal no irá.*

⁵ *Entonces llevó el pueblo a las aguas; y Jehová dijo a Gedeón: Cualquiera que lamiere las aguas con su lengua como lame el perro, a aquél pondrás aparte; asimismo a cualquiera que se doblare sobre sus rodillas para beber.*

⁶ *Y fue el número de los que lamieron llevando el agua con la mano a su boca, trescientos hombres; y todo el resto del pueblo se dobló sobre sus rodillas para beber las aguas.*

⁷ *Entonces Jehová dijo a Gedeón: Con estos trescientos hombres que lamieron el agua os salvaré, y entregaré a los madianitas en tus manos; y váyase toda la demás gente cada uno a su lugar.*

⁸ *Y habiendo tomado provisiones para el pueblo, y sus trompetas, envió a todos los israelitas cada uno a su tienda, y retuvo a aquellos trescientos hombres; y tenía el campamento de Madián abajo en el valle.*

⁹ *Aconteció que aquella noche Jehová le dijo: Levántate, y desciende al campamento; porque yo lo he entregado en tus manos.*

¹⁰ *Y si tienes temor de descender, baja tú con Fura tu criado al campamento,*

¹¹ *y oirás lo que hablan; y entonces tus manos se esforzarán, y descenderás al campamento. Y él descendió con Fura su criado hasta los puestos avanzados de la gente armada que estaba en el campamento.*

¹² *Y los madianitas, los amalecitas y los hijos del oriente estaban tendidos en el valle como langostas en multitud, y sus camellos eran innumerables como la arena que está a la ribera del mar en multitud.*

¹³ *Cuando llegó Gedeón, he aquí que un hombre estaba contando a su compañero un sueño, diciendo: He aquí yo soñé un sueño: Veía un pan de cebada que rodaba hasta el campamento de Madián, y llegó a la tienda, y la golpeó de tal manera que cayó, y la trastornó de arriba abajo, y la tienda cayó.*

¹⁴ *Y su compañero respondió y dijo: Esto no es otra cosa sino la espada de Gedeón hijo de Joás, varón de Israel. Dios ha entregado en sus manos a los madianitas con todo el campamento.*

¹⁵ *Cuando Gedeón oyó el relato del sueño y su interpretación, adoró; y vuelto al campamento de Israel, dijo: Levantaos, porque Jehová ha entregado el campamento de Madián en vuestras manos.*

¹⁶ *Y repartiendo los trescientos hombres en tres escuadrones, dio a todos*

ellos trompetas en sus manos, y cántaros vacíos con teas ardiendo dentro de los cántaros.

¹⁷ Y les dijo: Miradme a mí, y haced como hago yo; he aquí que cuando yo llegue al extremo del campamento, haréis vosotros como hago yo.

¹⁸ Yo tocaré la trompeta, y todos los que estarán conmigo; y vosotros tocaréis entonces las trompetas alrededor de todo el campamento, y diréis: ¡Por Jehová y por Gedeón!

¹⁹ Llegaron, pues, Gedeón y los cien hombres que llevaba consigo, al extremo del campamento, al principio de la guardia de la medianoche, cuando acababan de renovar los centinelas; y tocaron las trompetas, y quebraron los cántaros que llevaban en sus manos.

²⁰ Y los tres escuadrones tocaron las trompetas, y quebrando los cántaros tomaron en la mano izquierda las teas, y en la derecha las trompetas con que tocaban, y gritaron: ¡Por la espada de Jehová y de Gedeón!

²¹ Y se estuvieron firmes cada uno en su puesto en derredor del campamento; entonces todo el ejército echó a correr dando gritos y huyendo.

²² Y los trescientos tocaban las trompetas; y Jehová puso la espada de cada uno contra su compañero en todo el campamento. Y el ejército huyó hasta Bet-sita, en dirección de Zerera, y hasta la frontera de Abel-mehola en Tabat.

²³ Y juntándose los de Israel, de Neftalí, de Aser y de todo Manasés, siguieron a los madianitas.

²⁴ Gedeón también envió mensajeros por todo el monte de Efraín, diciendo: Descended al encuentro de los madianitas, y tomad los vados de Bet-bara y del Jordán antes que ellos lleguen. Y juntos todos los hombres de Efraín, tomaron los vados de Bet-bara y del Jordán.

²⁵ Y tomaron a dos príncipes de los madianitas, Oreb y Zeeb; y mataron a Oreb en la peña de Oreb, y a Zeeb lo mataron en el lagar de Zeeb; y después que siguieron a los madianitas, trajeron las cabezas de Oreb y de Zeeb a Gedeón al otro lado del Jordán.

Preguntas de estudio

1. Gedeón obviamente creyó que Dios era su líder antes de ir reduciendo el número de israelitas que irían a la batalla. ¿Qué tan difícil habría sido para usted

seguir confiando en Dios y obedecerle cuando este iba reduciendo sus fuerzas de ataque de treinta y dos mil a trescientos?

_____

_____

_____

_____

2. Si hubo resistencia de los israelitas contra el plan de Gedeón para enfrentar el enorme ejército de los madianitas, el pasaje no lo registra. Si usted hubiera sido uno de los trescientos, ¿qué habría estado pensando?

_____

_____

_____

_____

3. ¿Qué piensa usted que habría sucedido si los trescientos no hubieran seguido el liderazgo de Gedeón?

_____

_____

_____

_____

② El apoyo a una visión atrevida

Nehemías 2:1-18

¹ *Sucedió en el mes de Nisán, en el año veinte del rey Artajerjes, que estando ya el vino delante de él, tomé el vino y lo serví al rey. Y como yo no había estado antes triste en su presencia,* ² *me dijo el rey: ¿Por qué está triste tu rostro? pues no estás enfermo. No es esto sino quebranto de corazón. Entonces temí en gran manera.*

³ *Y dije al rey: Para siempre viva el rey. ¿Cómo no estará triste mi rostro, cuando la ciudad, casa de los sepulcros de mis padres, está desierta, y sus puertas consumidas por el fuego?*

⁴ *Me dijo el rey: ¿Qué cosa pides? Entonces oré al Dios de los cielos,* ⁵ *y dije al*

rey: *Si le place al rey, y tu siervo ha hallado gracia delante de ti, envíame a Judá, a la ciudad de los sepulcros de mis padres, y la reedificaré.*

⁶ Entonces el rey me dijo (y la reina estaba sentada junto a él): ¿Cuánto durará tu viaje, y cuándo volverás? Y agradó al rey enviarme, después que yo le señalé tiempo.

⁷ Además dije al rey: Si le place al rey, que se me den cartas para los gobernadores al otro lado del río, para que me franqueen el paso hasta que llegue a Judá; ⁸ y carta para Asaf guarda del bosque del rey, para que me dé madera para enmaderar las puertas del palacio de la casa, y para el muro de la ciudad, y la casa en que yo estaré. Y me lo concedió el rey, según la benéfica mano de mi Dios sobre mí.

⁹ Vine luego a los gobernadores del otro lado del río, y les di las cartas del rey. Y el rey envió conmigo capitanes del ejército y gente de a caballo.

¹⁰ Pero oyéndolo Sanbalat horonita y Tobías el siervo amonita, les disgustó en extremo que viniese alguno para procurar el bien de los hijos de Israel.

¹¹ Llegué, pues, a Jerusalén, y después de estar allí tres días, ¹² me levanté de noche, yo y unos pocos varones conmigo, y no declaré a hombre alguno lo que Dios había puesto en mi corazón que hiciese en Jerusalén; ni había cabalgadura conmigo, excepto la única en que yo cabalgaba.

¹³ Y salí de noche por la puerta del Valle hacia la fuente del Dragón y a la puerta del Muladar; y observé los muros de Jerusalén que estaban derribados, y sus puertas que estaban consumidas por el fuego.

¹⁴ Pasé luego a la puerta de la Fuente, y al estanque del Rey; pero no había lugar por donde pasase la cabalgadura en que iba.

¹⁵ Y subí de noche por el torrente y observé el muro, y di la vuelta y entré por la puerta del Valle, y me volví.

¹⁶ Y no sabían los oficiales a dónde yo había ido, ni qué había hecho; ni hasta entonces lo había declarado yo a los judíos y sacerdotes, ni a los nobles y oficiales, ni a los demás que hacían la obra.

¹⁷ Les dije, pues: Vosotros veis el mal en que estamos, que Jerusalén está desierta, y sus puertas consumidas por el fuego; venid, y edifiquemos el muro de Jerusalén, y no estemos más en oprobio.

¹⁸ Entonces les declaré cómo la mano de mi Dios había sido buena sobre mí, y asimismo las palabras que el rey me había dicho. Y dijeron: Levantémonos y edifiquemos. Así esforzaron sus manos para bien.

Preguntas de estudio

1. ¿Cómo describiría usted la relación entre el rey Artajerjes y Nehemías, su copero? ¿Quién apoyó a quién? ¿Qué pruebas puede presentar para apoyar su opinión?

_____

_____

_____

_____

_____

2. ¿Qué tan osada y arriesgada fue la visión que tuvo Nehemías de reconstruir el muro de Jerusalén? Explique.

_____

_____

_____

_____

_____

3. Sanbalat y Tobías eran gobernadores en la región más allá del Éufrates. ¿Qué nos dice la reacción de ellos acerca de la opinión que tenían de Nehemías?

_____

_____

_____

_____

_____

4. ¿Por qué piensa usted que los oficiales de Jerusalén estuvieron de acuerdo con empezar a reconstruir el muro?

_____

_____

_____

_____

_____

③ Confiado en Cristo siempre

Hebreos 3:1-15

¹ Por tanto, hermanos santos, participantes del llamamiento celestial, considerad al apóstol y sumo sacerdote de nuestra profesión, Cristo Jesús; ² el cual es fiel al que le constituyó, como también lo fue Moisés en toda la casa de Dios.

³ Porque de tanto mayor gloria que Moisés es estimado digno éste, cuanto tiene mayor honra que la casa el que la hizo.

⁴ Porque toda casa es hecha por alguno; pero el que hizo todas las cosas es Dios.

⁵ Y Moisés a la verdad fue fiel en toda la casa de Dios, como siervo, para testimonio de lo que se iba a decir; ⁶ pero Cristo como hijo sobre su casa, la cual casa somos nosotros, si retenemos firme hasta el fin la confianza y el gloriarnos en la esperanza.

⁷ Por lo cual, como dice el Espíritu Santo: Si oyereis hoy su voz,

⁸ No endurezcáis vuestros corazones,

Como en la provocación, en el día de la tentación en el desierto,

⁹ Donde me tentaron vuestros padres; me probaron,

Y vieron mis obras cuarenta años.

¹⁰ A causa de lo cual me disgusté contra esa generación,

Y dije: Siempre andan vagando en su corazón,

Y no han conocido mis caminos.

¹¹ Por tanto, juré en mi ira:

No entrarán en mi reposo.

¹² Mirad, hermanos, que no haya en ninguno de vosotros corazón malo de incredulidad para apartarse del Dios vivo; ¹³ antes exhortaos los unos a los otros cada día, entre tanto que se dice: Hoy; para que ninguno de vosotros se endurezca por el engaño del pecado.

¹⁴ Porque somos hechos participantes de Cristo, con tal que retengamos firme hasta el fin nuestra confianza del principio, ¹⁵ entre tanto que se dice: Si oyereis hoy su voz,

No endurezcáis vuestros corazones, como en la provocación.

Preguntas de estudio

1. La provocación en el desierto que se menciona en este pasaje se refiere al momento en el cual los hijos de Israel se negaron a entrar a la Tierra Prometida. ¿Qué dice ese rechazo acerca de su apoyo a Moisés y a Dios como sus líderes?

   _____

   _____

   _____

   _____

   _____

2. ¿Por qué cree usted que el escritor de Hebreos advierte a los hermanos y hermanas que comparten el llamado celestial que no endurezcan sus corazones?

   _____

   _____

   _____

   _____

3. Jesucristo es el líder de todo aquel que haya puesto su fe en Él. ¿Cuál es la prueba de que se ha creído en él?

   _____

   _____

   _____

   _____

   _____

4. ¿En qué se está quedando corto en su aceptación y obediencia al Señor como su líder?

   _____

   _____

   _____

   _____

   _____

Perspectivas de liderazgo y reflexión

¿Qué papeles desempeñan la mente y el corazón en la aceptación del liderazgo? ¿Y en la fe?

_____

_____

_____

_____

_____

_____

_____

_____

¿En qué áreas necesita crecer usted como seguidor?

_____

_____

_____

_____

_____

_____

_____

_____

¿En qué áreas necesita crecer usted como líder para ser digno de que otros le sigan?

_____

_____

_____

_____

_____

_____

_____

ACTÚE

Piense en las respuestas que dio a las últimas dos preguntas. ¿En qué necesita usted crecer más y cambiar para ser un mejor líder? ¿Para seguir mejor a Cristo? ¿O en su carácter como líder? Explique.

_____

_____

_____

_____

_____

_____

_____

_____

_____

¿Qué paso tangible dará usted de inmediato para resolver este asunto?

_____

_____

_____

_____

_____

_____

_____

_____

_____

_____

PREGUNTAS PARA DISCUSIÓN EN GRUPO

1. ¿Cómo piensa usted que se sintieron los seguidores de Gedeón al ir a la batalla con trompetas y antorchas en lugar de armas? Si usted hubiera sido el líder, ¿qué les habría dicho para infundirles confianza?

2. Cuando los madianitas huyeron, Gedeón envió mensajeros a los de Efraín para pedirles que se unieran a la batalla y ellos respondieron de inmediato. ¿Por qué cree usted que lo hicieron? ¿Y por qué Dios permitió que más personas ayudaran en ese momento, cuando había querido que solamente trescientos participaran en el ataque original?

3. Nehemías frecuentemente es señalado como uno de los mejores ejemplos de liderazgo en la Biblia. ¿Por qué cree usted que es así?

4. ¿A quién le resulta más fácil apoyar: a un líder poderoso o carismático que dirige a distancia, o a un líder que usted conoce personalmente y que está más cercano a usted en la jerarquía de la organización? ¿Por qué?

5. ¿Cuál es el desafío más grande que usted enfrenta para obtener el apoyo de la gente que lidera?

6. ¿Qué hace usted típicamente para obtener ese apoyo? ¿Funciona bien?

7. ¿Qué cambios en su liderazgo cree usted que debe hacer como resultado de esta lección? ¿Cómo se propone cambiar y cuándo ha de actuar?

LECCIÓN 15

LA LEY DE LA VICTORIA

Los líderes encuentran la forma
de que el equipo gane

DEFINICIÓN DE LA LEY

Winston Churchill, Franklin D. Roosevelt, Nelson Mandela. Líderes mundialmente famosos que arrebataron la victoria de las fauces de la derrota. Churchill llevó a los británicos a resistirse a una invasión nazi. Roosevelt condujo a los estadounidenses a través de la Gran Depresión. Y Mandela guio a los sudafricanos a levantarse y desmantelar la injusticia del *apartheid*. ¿Qué tuvieron en común, aparte de enfrentar desafíos aparentemente insuperables? Hallaron la manera de hacer que su gente venciera.

¿Alguna vez se ha puesto a pensar sobre qué es lo que separa a los líderes que alcanzan la victoria de los que sufren la derrota? ¿Qué se necesita para hacer que un equipo sea ganador? Cada situación de liderazgo es diferente, y cada crisis tiene sus propios desafíos. Pero los líderes que ganan, y en especial los que superan probabilidades imposibles, tienen una cosa en común: comparten un rechazo total a aceptar la derrota. Cualquier alternativa que no sea vencer les resulta totalmente inaceptable. No tienen plan B. Como resultado de ello, se niegan a dejar de luchar hasta que hayan logrado la victoria.

Ese compromiso con ganar yace muy profundo en los líderes de esta clase. Son conocidos por ello debido a cómo manejaron los desafíos pasados. Continúan demostrándolo sin importar las circunstancias. La crisis siempre saca a relucir lo mejor, y lo peor de la gente. Los problemas magnifican el carácter interno. Cuando la presión es intensa y el riesgo es elevado, los grandes líderes se levantan y encuentran la manera de hacer que su equipo gane. Esa es la Ley de la Victoria.

Los líderes que ganan poseen una fe, un compromiso, un ingenio y una perseverancia sin límites. Estas son actitudes mentales que cualquier líder puede desarrollar.

Usted puede crecer en ellas e incrementar sus probabilidades de ganar. Y en la medida que demuestre tener estas características, las inculcará a su gente.

Los líderes ganadores tienen una fe constante que inspira a los demás. Decida sentirse confiado cada día, no solo en la capacidad de su equipo para ganar, sino también en la razón por la cual ganarán. Mantenga los ojos en el premio y desarrolle una estrategia para alcanzarlo. Luego demuestre su fe por medio de todo lo que haga y diga. Eso atraerá a otros y les estimulará a que también tengan fe.

Es crucial comprometerse por completo y estimular un compromiso similar de su equipo. Los líderes ganadores hacen lo que sea necesario por ganar. Están dispuestos a ponerlo todo en juego, su reputación, sus recursos, su libertad y hasta sus vidas por la la causa, y ellos van por delante. Es necesario que usted lidere la lucha, sin importar los obstáculos que haya en el camino. Cuando usted está dispuesto a arriesgarlo todo por buscar la victoria, inspira a su equipo a unirse a la batalla.

Los líderes ganadores maximizan todos los recursos disponibles y esperan que su gente haga lo mismo. Examine los problemas de manera creativa, creyendo que siempre hay una solución. Utilice todo lo que tenga a la mano. Cuando no tenga el personal ni los recursos que necesite, consígalos. No importa lo difícil que sea contratar a la persona correcta o crear una solución, es necesario que persista hasta ganar. En tanto que usted modela la solución creativa de problemas, su gente le seguirá el paso.

Por último, persevere y exija que su equipo muestre perseverancia. Esta es la cualidad más importante de los líderes que logran la victoria. Después de haber creído, haberse comprometido y resolver problemas, siguen adelante. Continúan empujando hasta que llegan a la meta. Y exhortan a sus seguidores, como lo hizo Churchill memorablemente, a que «nunca, nunca, nunca se rindan». Esa es la ley de la victoria en acción.

Casos de estudio

Lea estos casos de estudio de la Biblia y responda a las preguntas subsiguientes.

 ## ① Una victoria costosa

Jueces 16:1, 15-31

¹ *Fue Sansón a Gaza, y vio allí a una mujer ramera, y se llegó a ella.* [...]

¹⁵ *Y ella le dijo: ¿Cómo dices: Yo te amo, cuando tu corazón no está conmigo? Ya me has engañado tres veces, y no me has descubierto aún en qué consiste tu gran fuerza.*

¹⁶ *Y aconteció que, presionándole ella cada día con sus palabras e importunándole, su alma fue reducida a mortal angustia.*

¹⁷ *Le descubrió, pues, todo su corazón, y le dijo: Nunca a mi cabeza llegó navaja; porque soy nazareo de Dios desde el vientre de mi madre. Si fuere rapado, mi fuerza se apartará de mí, y me debilitaré y seré como todos los hombres.*

¹⁸ *Viendo Dalila que él le había descubierto todo su corazón, envió a llamar a los principales de los filisteos, diciendo: Venid esta vez, porque él me ha descubierto todo su corazón. Y los principales de los filisteos vinieron a ella, trayendo en su mano el dinero.*

¹⁹ *Y ella hizo que él se durmiese sobre sus rodillas, y llamó a un hombre, quien le rapó las siete guedejas de su cabeza; y ella comenzó a afligirlo, pues su fuerza se apartó de él.*

²⁰ *Y le dijo: ¡Sansón, los filisteos sobre ti! Y luego que despertó él de su sueño, se dijo: Esta vez saldré como las otras y me escaparé. Pero él no sabía que Jehová ya se había apartado de él.*

²¹ *Mas los filisteos le echaron mano, y le sacaron los ojos, y le llevaron a Gaza; y le ataron con cadenas para que moliese en la cárcel.*

²² *Y el cabello de su cabeza comenzó a crecer, después que fue rapado.*

²³ *Entonces los principales de los filisteos se juntaron para ofrecer sacrificio a Dagón su dios y para alegrarse; y dijeron: Nuestro dios entregó en nuestras manos a Sansón nuestro enemigo.*

²⁴ *Y viéndolo el pueblo, alabaron a su dios, diciendo: Nuestro dios entregó en nuestras manos a nuestro enemigo, y al destruidor de nuestra tierra, el cual había dado muerte a muchos de nosotros.*

²⁵ *Y aconteció que cuando sintieron alegría en su corazón, dijeron: Llamad a Sansón, para que nos divierta. Y llamaron a Sansón de la cárcel, y sirvió de juguete delante de ellos; y lo pusieron entre las columnas.*

²⁶ *Entonces Sansón dijo al joven que le guiaba de la mano: Acércame, y hazme palpar las columnas sobre las que descansa la casa, para que me apoye sobre ellas.*

²⁷ *Y la casa estaba llena de hombres y mujeres, y todos los principales de los filisteos estaban allí; y en el piso alto había como tres mil hombres y mujeres, que estaban mirando el escarnio de Sansón.*

²⁸ Entonces clamó Sansón a Jehová, y dijo: Señor Jehová, acuérdate ahora de mí, y fortaléceme, te ruego, solamente esta vez, oh Dios, para que de una vez tome venganza de los filisteos por mis dos ojos.

²⁹ Asió luego Sansón las dos columnas de en medio, sobre las que descansaba la casa, y echó todo su peso sobre ellas, su mano derecha sobre una y su mano izquierda sobre la otra.

³⁰ Y dijo Sansón: Muera yo con los filisteos. Entonces se inclinó con toda su fuerza, y cayó la casa sobre los principales, y sobre todo el pueblo que estaba en ella. Y los que mató al morir fueron muchos más que los que había matado durante su vida.

³¹ Y descendieron sus hermanos y toda la casa de su padre, y le tomaron, y le llevaron, y le sepultaron entre Zora y Estaol, en el sepulcro de su padre Manoa. Y él juzgó a Israel veinte años.

Preguntas de estudio

1. Aun antes de que Sansón naciera, Dios lo escogió para guiar a los israelitas en contra de sus opresores, los filisteos. No obstante, él se arriesgó a no cumplir su llamado. ¿Por qué?

_____

_____

_____

2. Si Sansón hubiera sido obediente a Dios, ¿cómo habría sido diferente su camino?

_____

_____

_____

3. En última instancia, Sansón obtuvo una victoria para Israel, pero le costó la vida. ¿Qué lecciones nos enseña esto en cuanto a la soberanía de Dios, las consecuencias del pecado y la Ley de la Victoria?

_____

_____

_____

② Jonatán inicia la batalla

1 Samuel 14:1-23

¹ Aconteció un día, que Jonatán hijo de Saúl dijo a su criado que le traía las armas: Ven y pasemos a la guarnición de los filisteos, que está de aquel lado. Y no lo hizo saber a su padre.

² Y Saúl se hallaba al extremo de Gabaa, debajo de un granado que hay en Migrón, y la gente que estaba con él era como seiscientos hombres.

³ Y Ahías hijo de Ahitob, hermano de Icabod, hijo de Finees, hijo de Elí, sacerdote de Jehová en Silo, llevaba el efod; y no sabía el pueblo que Jonatán se hubiese ido.

⁴ Y entre los desfiladeros por donde Jonatán procuraba pasar a la guarnición de los filisteos, había un peñasco agudo de un lado, y otro del otro lado; el uno se llamaba Boses, y el otro Sene.

⁵ Uno de los peñascos estaba situado al norte, hacia Micmas, y el otro al sur, hacia Gabaa.

⁶ Dijo, pues, Jonatán a su paje de armas: Ven, pasemos a la guarnición de estos incircuncisos; quizá haga algo Jehová por nosotros, pues no es difícil para Jehová salvar con muchos o con pocos.

⁷ Y su paje de armas le respondió: Haz todo lo que tienes en tu corazón; ve, pues aquí estoy contigo a tu voluntad.

⁸ Dijo entonces Jonatán: Vamos a pasar a esos hombres, y nos mostraremos a ellos.

⁹ Si nos dijeren así: Esperad hasta que lleguemos a vosotros, entonces nos estaremos en nuestro lugar, y no subiremos a ellos.

¹⁰ Mas si nos dijeren así: Subid a nosotros, entonces subiremos, porque Jehová los ha entregado en nuestra mano; y esto nos será por señal.

¹¹ Se mostraron, pues, ambos a la guarnición de los filisteos, y los filisteos dijeron: He aquí los hebreos, que salen de las cavernas donde se habían escondido.

¹² Y los hombres de la guarnición respondieron a Jonatán y a su paje de armas, y dijeron: Subid a nosotros, y os haremos saber una cosa. Entonces Jonatán dijo a su paje de armas: Sube tras mí, porque Jehová los ha entregado en manos de Israel.

¹³ Y subió Jonatán trepando con sus manos y sus pies, y tras él su paje de armas; y a los que caían delante de Jonatán, su paje de armas que iba tras él los mataba.

¹⁴ Y fue esta primera matanza que hicieron Jonatán y su paje de armas, como veinte hombres, en el espacio de una media yugada de tierra.

¹⁵ Y hubo pánico en el campamento y por el campo, y entre toda la gente de la guarnición; y los que habían ido a merodear, también ellos tuvieron pánico, y la tierra tembló; hubo, pues, gran consternación.

¹⁶ Y los centinelas de Saúl vieron desde Gabaa de Benjamín cómo la multitud estaba turbada, e iba de un lado a otro y era deshecha.

¹⁷ Entonces Saúl dijo al pueblo que estaba con él: Pasad ahora revista, y ved quién se haya ido de los nuestros. Pasaron revista, y he aquí que faltaba Jonatán y su paje de armas.

¹⁸ Y Saúl dijo a Ahías: Trae el arca de Dios. Porque el arca de Dios estaba entonces con los hijos de Israel.

¹⁹ Pero aconteció que mientras aún hablaba Saúl con el sacerdote, el alboroto que había en el campamento de los filisteos aumentaba, e iba creciendo en gran manera. Entonces dijo Saúl al sacerdote: Detén tu mano.

²⁰ Y juntando Saúl a todo el pueblo que con él estaba, llegaron hasta el lugar de la batalla; y he aquí que la espada de cada uno estaba vuelta contra su compañero, y había gran confusión.

²¹ Y los hebreos que habían estado con los filisteos de tiempo atrás, y habían venido con ellos de los alrededores al campamento, se pusieron también del lado de los israelitas que estaban con Saúl y con Jonatán.

²² Asimismo todos los israelitas que se habían escondido en el monte de Efraín, oyendo que los filisteos huían, también ellos los persiguieron en aquella batalla.

²³ Así salvó Jehová a Israel aquel día. Y llegó la batalla hasta Bet-avén.

Preguntas de estudio

1. ¿Por qué piensa usted que Jonatán decidió tomar la ofensiva contra los filisteos?

_____

_____

_____

_____

_____

_____

2. ¿Cómo colaboraron Jonatán y su escudero para lograr el éxito?

_____

_____

_____

_____

3. El escritor le atribuye la victoria final a Dios. ¿Cuáles fueron los papeles que desempeñaron Jonatán y el rey Saúl? ¿Qué cree usted que habría sucedido si Jonatán no hubiera iniciado la batalla?

_____

_____

_____

_____

❸ Encontrando una forma

Marcos 2:1-12

¹ Entró Jesús otra vez en Capernaum después de algunos días; y se oyó que estaba en casa.

² E inmediatamente se juntaron muchos, de manera que ya no cabían ni aun a la puerta; y les predicaba la palabra.

³ Entonces vinieron a él unos trayendo un paralítico, que era cargado por cuatro.

⁴ Y como no podían acercarse a él a causa de la multitud, descubrieron el techo de donde estaba, y haciendo una abertura, bajaron el lecho en que yacía el paralítico.

⁵ Al ver Jesús la fe de ellos, dijo al paralítico: Hijo, tus pecados te son perdonados.

⁶ Estaban allí sentados algunos de los escribas, los cuales cavilaban en sus corazones: ⁷ ¿Por qué habla éste así? Blasfemias dice. ¿Quién puede perdonar pecados, sino sólo Dios?

⁸ Y conociendo luego Jesús en su espíritu que cavilaban de esta manera dentro de sí mismos, les dijo: ¿Por qué caviláis así en vuestros corazones?

⁹ ¿Qué es más fácil, decir al paralítico: Tus pecados te son perdonados, o decirle: Levántate, toma tu lecho y anda?

¹⁰ Pues para que sepáis que el Hijo del Hombre tiene potestad en la tierra para perdonar pecados (dijo al paralítico): ¹¹ A ti te digo: Levántate, toma tu lecho, y vete a tu casa.

¹² Entonces él se levantó en seguida, y tomando su lecho, salió delante de todos, de manera que todos se asombraron, y glorificaron a Dios, diciendo: Nunca hemos visto tal cosa.

Preguntas de estudio

1. ¿Cómo pusieron en práctica los compañeros del paralítico la Ley de la Victoria? ¿Por qué cree que llevaron las cosas hasta el extremo que lo hicieron?

_____

_____

_____

2. ¿Piensa usted que uno de los compañeros era el líder? Explique.

_____

_____

_____

3. ¿Cómo puso Jesús en práctica la Ley de la Victoria? ¿Por qué cree que Él llevó las cosas hasta el extremo que las llevó?

_____

_____

_____

PERSPECTIVAS DE LIDERAZGO Y REFLEXIÓN

¿Con cuál de estos personajes se identifica usted?

- Sansón: ha cometido errores y está pagando el precio.
- Jonatán: es el que ha iniciado las victorias.
- El escudero: es el que ayuda al líder que gana las batallas.

- El paralítico: se beneficia de las victorias de otros.
- Los compañeros del paralítico: forma parte de un equipo que gana.
- Jesús: gana las victorias y los demás se asombran.

Explique su respuesta.

_____

_____

_____

_____

Para convertirse en un líder que halla la manera de que su equipo gane, ¿le es necesario cambiar su actitud, su manera de pensar, sus hábitos o sus métodos? ¿Cómo deberá cambiar?

_____

_____

_____

ACTÚE

¿Qué cosas _dejará de hacer_ para poner en práctica la Ley de la Victoria como líder?

_____

_____

_____

_____

¿Qué cosas empezará a hacer como un líder para poner en práctica la Ley de la Victoria?

_____

_____

_____

_____

¿Cuándo lo hará?   Fecha: _____

PREGUNTAS PARA DISCUSIÓN EN GRUPO

1. ¿Considera usted que cuando Sansón causó la destrucción del templo y la muerte de los filisteos, eso fue una victoria, una derrota o ambas cosas?

2. ¿Por qué cree usted que Jonatán no le dijo a su padre Saúl que iba a atacar a los filisteos?

3. Jonatán declaró que si los filisteos le llamaban a subir donde ellos estaban, entonces Dios había entregado a los filisteos en manos de Israel. Como líder, ¿cuál es su reacción a algo como eso? ¿Cómo podría traducir eso a su liderazgo diario?

4. ¿Cree usted que los compañeros *sabían* que si llevaban al paralítico a Jesús, eso conduciría a una victoria, o cree usted que ellos sencillamente albergaban la esperanza de que algo bueno sucediera?

5. Como líder, ¿cómo define usted que algo es una victoria?

6. ¿Cuál es la enseñanza más importante que ha obtenido acerca del liderazgo en esta lección?

7. ¿Cómo cree usted que Dios le está pidiendo que cambie su enfoque hacia el liderazgo como resultado de esta lección? ¿Cuándo y cómo lo hará?

LECCIÓN 16

LA LEY DEL GRAN IMPULSO

El empuje es el mejor amigo de un líder

DEFINICIÓN DE LA LEY

Si tiene toda la pasión, los recursos y el personal que necesita para cumplir una visión magnífica, pero pareciera no poder lograr que su organización se mueva y avance en la dirección correcta, está atascado como líder. Si no puede poner las cosas en marcha, no alcanzará el éxito. ¿Qué necesita en tales circunstancias? Necesita ver la Ley del Gran Impulso y aprovechar el poder del mejor amigo del líder: el impulso.

Cuando carece de impulso, aun las tareas más sencillas se tornan imposibles. Los problemas pequeños parecen obstáculos insuperables. Una organización sin impulso es como un tren completamente detenido. Cuesta mucho ponerlo en marcha y aun unos bloques pequeños de madera en las vías pueden impedir que vaya a cualquier parte. En contraste, cuando el impulso está de su lado, el futuro se ve prometedor y los problemas parecen inconsecuentes. Una organización con impulso es como un tren que avanza a cien kilómetros por hora. Se podría construir un muro de hormigón armado sobre la vía y el tren la atravesaría sin problemas.

El impulso es el gran exagerador. Es como una lupa: hace que todas las situaciones se vean mejor de lo que son en realidad. Cuando el equipo disfruta de una racha de victorias, los jugadores se sienten como si no pudieran cometer equivocaciones. No se enfocan en las lesiones ni en los errores; solo buscan la manera de ganar. El impulso también exagera la contribución del líder al éxito. Las personas empiezan a pensar que es un genio. Miran más allá de sus carencias y se olvidan de sus equivocaciones. Cuanto más gana, más espera la gente que continúe ganando. Pero el impulso no solo tiene que ver con la percepción. También mejora el desempeño. En la medida que el equipo mantiene el impulso, sus miembros continúan desempeñándose mejor de lo que hubieran imaginado posible. Baten marcas y exceden las expectativas.

Con suficiente impulso, hasta la alteración más grande es posible. Es un agente de cambio potente. A las personas les gusta asociarse con ganadores y tienden a unirse a una causa ganadora. Los seguidores confían en líderes con antecedentes de éxito comprobado. Están más dispuestos a aceptar aun cambios inmensos de individuos que anteriormente los han guiado a la victoria.

¿Cómo se crea el impulso? Se necesita alguien con visión, capaz de formar un buen equipo y de motivar a otros. En otras palabras, es responsabilidad del líder iniciar el impulso y mantenerlo también. Si usted como líder está esperando que otro le motive o desarrolle el impulso en la organización, entonces todos están en problemas. Empieza dentro de usted, con su visión, su pasión y su entusiasmo.

Para dar impulso, hay que buscar la visión con entusiasmo, haciendo todo lo posible por obtener victorias pequeñas. Esos éxitos hacen rodar la pelota y el impulso empieza a tomar forma. Continúe modelando el entusiasmo con su gente día tras día, atraiga a individuos del mismo sentir a su equipo, motívelos a obtener logros y el impulso continuará. Y si es sabio, siempre valorará el impulso por lo que es: el mejor amigo del líder. Una vez que lo tenga, podrá hacer casi cualquier cosa. Ese es el poder del Gran Impulso.

Casos de estudio

Lea estos casos de estudio de la Biblia y responda a las preguntas subsiguientes.

❶ Victorias tempranas

Deuteronomio 2:24-37

²⁴ Levantaos, salid, y pasad el arroyo de Arnón; he aquí he entregado en tu mano a Sehón rey de Hesbón, amorreo, y a su tierra; comienza a tomar posesión de ella, y entra en guerra con él.

²⁵ Hoy comenzaré a poner tu temor y tu espanto sobre los pueblos debajo de todo el cielo, los cuales oirán tu fama, y temblarán y se angustiarán delante de ti.

²⁶ Y envié mensajeros desde el desierto de Cademot a Sehón rey de Hesbón con palabras de paz, diciendo: ²⁷ Pasaré por tu tierra por el camino; por el camino iré, sin apartarme ni a diestra ni a siniestra.

²⁸ La comida me venderás por dinero, y comeré; el agua también me darás por dinero, y beberé; solamente pasaré a pie, ²⁹ como lo hicieron conmigo los hijos de Esaú que habitaban en Seir, y los moabitas que habitaban en Ar; hasta que cruce el Jordán a la tierra que nos da Jehová nuestro Dios.

³⁰ Mas Sehón rey de Hesbón no quiso que pasásemos por el territorio suyo; porque Jehová tu Dios había endurecido su espíritu, y obstinado su corazón para entregarlo en tu mano, como hasta hoy.

³¹ Y me dijo Jehová: He aquí yo he comenzado a entregar delante de ti a Sehón y a su tierra; comienza a tomar posesión de ella para que la heredes.

³² Y nos salió Sehón al encuentro, él y todo su pueblo, para pelear en Jahaza.

³³ Mas Jehová nuestro Dios lo entregó delante de nosotros; y lo derrotamos a él y a sus hijos, y a todo su pueblo.

³⁴ Tomamos entonces todas sus ciudades, y destruimos todas las ciudades, hombres, mujeres y niños; no dejamos ninguno.

³⁵ Solamente tomamos para nosotros los ganados, y los despojos de las ciudades que habíamos tomado.

³⁶ Desde Aroer, que está junto a la ribera del arroyo de Arnón, y la ciudad que está en el valle, hasta Galaad, no hubo ciudad que escapase de nosotros; todas las entregó Jehová nuestro Dios en nuestro poder.

³⁷ Solamente a la tierra de los hijos de Amón no llegamos; ni a todo lo que está a la orilla del arroyo de Jaboc ni a las ciudades del monte, ni a lugar alguno que Jehová nuestro Dios había prohibido.

Deuteronomio 3:1-11

¹ Volvimos, pues, y subimos camino de Basán, y nos salió al encuentro Og rey de Basán para pelear, él y todo su pueblo, en Edrei.

² Y me dijo Jehová: No tengas temor de él, porque en tu mano he entregado a él y a todo su pueblo, con su tierra; y harás con él como hiciste con Sehón rey amorreo, que habitaba en Hesbón.

³ Y Jehová nuestro Dios entregó también en nuestra mano a Og rey de Basán, y a todo su pueblo, al cual derrotamos hasta acabar con todos.

⁴ Y tomamos entonces todas sus ciudades; no quedó ciudad que no les tomásemos; sesenta ciudades, toda la tierra de Argob, del reino de Og en Basán.

⁵ Todas estas eran ciudades fortificadas con muros altos, con puertas y barras, sin contar otras muchas ciudades sin muro.

⁶ Y las destruimos, como hicimos a Sehón rey de Hesbón, matando en toda ciudad a hombres, mujeres y niños.

⁷ Y tomamos para nosotros todo el ganado, y los despojos de las ciudades.

⁸ También tomamos en aquel tiempo la tierra desde el arroyo de Arnón hasta el monte de Hermón, de manos de los dos reyes amorreos que estaban a este lado del Jordán.

⁹ (Los sidonios llaman a Hermón, Sirión; y los amorreos, Senir.)

¹⁰ Todas las ciudades de la llanura, y todo Galaad, y todo Basán hasta Salca y Edrei, ciudades del reino de Og en Basán.

¹¹ Porque únicamente Og rey de Basán había quedado del resto de los gigantes. Su cama, una cama de hierro, ¿no está en Rabá de los hijos de Amón? La longitud de ella es de nueve codos, y su anchura de cuatro codos, según el codo de un hombre.

Preguntas de estudio

1. El libro de Deuteronomio empieza con Moisés refiriendo los eventos de la desobediencia de los israelitas: cómo se negaron a obedecer el mandamiento original que Dios les dio de entrar en la Tierra Prometida, la batalla contra los amorreos que perdieron cuando la intentaron sin la bendición de Dios y cómo vagaron por el desierto por cuarenta años. ¿Por qué cree usted que Moisés escribió esta historia antes de relatar sus victorias?

   _____

   _____

   _____

   _____

   _____

2. Consciente de que los israelitas habían perdido una batalla con los amorreos antes de pasar cuarenta años vagando por el desierto, ¿qué tipo de impulso ve usted en las derrotas del rey amorreo Sehón de Hesbón y del rey Og de Basán?

_____

_____

_____

_____

3. Las victorias sobre estos dos reyes y sus territorios ocurrieron al oriente del río Jordán, antes de que los israelitas cruzaran hacia la Tierra Prometida. ¿Por qué cree usted que Dios les dio esas victorias en lugar de mover a los reyes a que dejaran pasar a Israel a salvo, como lo habían pedido originalmente? ¿Qué lección de liderazgo nos enseña esto?

_____

_____

_____

_____

❷ Una oportunidad de impulso desperdiciada

2 Reyes 13:14-19

[14] *Estaba Eliseo enfermo de la enfermedad de que murió. Y descendió a él Joás rey de Israel, y llorando delante de él, dijo: ¡Padre mío, padre mío, carro de Israel y su gente de a caballo!*

[15] *Y le dijo Eliseo: Toma un arco y unas saetas. Tomó él entonces un arco y unas saetas.*

[16] *Luego dijo Eliseo al rey de Israel: Pon tu mano sobre el arco. Y puso él su mano sobre el arco. Entonces puso Eliseo sus manos sobre las manos del rey,* [17] *y dijo: Abre la ventana que da al oriente. Y cuando él la abrió, dijo Eliseo: Tira. Y tirando él, dijo Eliseo: Saeta de salvación de Jehová, y saeta de salvación contra Siria; porque herirás a los sirios en Afec hasta consumirlos.*

[18] *Y le volvió a decir: Toma las saetas. Y luego que el rey de Israel las hubo tomado, le dijo: Golpea la tierra. Y él la golpeó tres veces, y se detuvo.*

¹⁹ Entonces el varón de Dios, enojado contra él, le dijo: Al dar cinco o seis golpes, hubieras derrotado a Siria hasta no quedar ninguno; pero ahora sólo tres veces derrotarás a Siria.

Preguntas de estudio

1. ¿Por qué piensa usted que Eliseo le pidió a Joás que primero disparara una flecha por la ventana antes de pedirle que golpeara el suelo con ellas?

_____

_____

_____

_____

2. Los conflictos entre Israel y Siria se remontan hasta el tiempo de los jueces. Y continuaron mucho después de que Joás fuera rey. Sabiendo eso, ¿qué significado tenía la afirmación de Eliseo de que, si el rey hubiera golpeado el suelo muchas veces más, Siria habría sido completamente destruida? Explique.

_____

_____

_____

3. ¿Cuál es la conexión entre el liderazgo de Joás y el éxito de Israel? Descríbala. ¿Cuáles palabras utilizaría para caracterizar el liderazgo de Joás?

_____

_____

_____

_____

③ El evangelio cobra auge

Hechos 2:29-47

²⁹ Varones hermanos, se os puede decir libremente del patriarca David, que murió y fue sepultado, y su sepulcro está con nosotros hasta el día de hoy.

³⁰ Pero siendo profeta, y sabiendo que con juramento Dios le había jurado que de su descendencia, en cuanto a la carne, levantaría al Cristo para que se sentase en su trono, ³¹ viéndolo antes, habló de la resurrección de Cristo, que su alma no fue dejada en el Hades, ni su carne vio corrupción.

³² A este Jesús resucitó Dios, de lo cual todos nosotros somos testigos.

³³ Así que, exaltado por la diestra de Dios, y habiendo recibido del Padre la promesa del Espíritu Santo, ha derramado esto que vosotros veis y oís.

³⁴ Porque David no subió a los cielos; pero él mismo dice: Dijo el Señor a mi Señor: Siéntate a mi diestra,

³⁵ Hasta que ponga a tus enemigos por estrado de tus pies.

³⁶ Sepa, pues, ciertísimamente toda la casa de Israel, que a este Jesús a quien vosotros crucificasteis, Dios le ha hecho Señor y Cristo.

³⁷ Al oír esto, se compungieron de corazón, y dijeron a Pedro y a los otros apóstoles: Varones hermanos, ¿qué haremos?

³⁸ Pedro les dijo: Arrepentíos, y bautícese cada uno de vosotros en el nombre de Jesucristo para perdón de los pecados; y recibiréis el don del Espíritu Santo.

³⁹ Porque para vosotros es la promesa, y para vuestros hijos, y para todos los que están lejos; para cuantos el Señor nuestro Dios llamare.

⁴⁰ Y con otras muchas palabras testificaba y les exhortaba, diciendo: Sed salvos de esta perversa generación.

⁴¹ Así que, los que recibieron su palabra fueron bautizados; y se añadieron aquel día como tres mil personas.

⁴² Y perseveraban en la doctrina de los apóstoles, en la comunión unos con otros, en el partimiento del pan y en las oraciones.

⁴³ Y sobrevino temor a toda persona; y muchas maravillas y señales eran hechas por los apóstoles.

⁴⁴ Todos los que habían creído estaban juntos, y tenían en común todas las cosas; ⁴⁵ y vendían sus propiedades y sus bienes, y lo repartían a todos según la necesidad de cada uno.

⁴⁶ Y perseverando unánimes cada día en el templo, y partiendo el pan en las casas, comían juntos con alegría y sencillez de corazón, ⁴⁷ alabando a Dios, y teniendo favor con todo el pueblo. Y el Señor añadía cada día a la iglesia los que habían de ser salvos.

Preguntas de estudio

1. Antes de este primer sermón de Pedro que aparece en el pasaje, las personas de Jerusalén en su mayoría se oponían a Jesús y a los discípulos. ¿Qué
significado tiene que tantas personas se arrepintieran, creyeran en Jesús y se
bautizaran?

_____

_____

_____

_____

_____

2. Hechos 4:4 dice: «Pero muchos de los que habían oído la palabra, creyeron; y
el número de los varones era como cinco mil», y Hechos 6:7 dice: «Y crecía la
palabra del Señor, y el número de los discípulos se multiplicaba grandemente
en Jerusalén; también muchos de los sacerdotes obedecían a la fe». Sin menos-
preciar el papel desempeñado por el Espíritu Santo, que les había sido dado a
Pedro y a los discípulos justo antes de que le dirigiera la palabra a la multitud,
¿qué papel desempeñaban Pedro, Juan y los demás apóstoles como líderes en
esta etapa inicial de la iglesia?

_____

_____

_____

_____

_____

3. ¿Qué impacto tuvieron los eventos sucedidos en Jerusalén inmediatamente después de la muerte y resurrección de Jesús en la difusión del evangelio?

_____

_____

_____

_____

Perspectivas de liderazgo y reflexión

En base a los pasajes que hemos leído, ¿cuáles son los roles y las responsabilidades de Dios, de los líderes y de los seguidores en lo que respecta a la Ley del Gran Impulso?

_____

_____

_____

_____

Basado en lo que usted ha leído, ¿cuáles son los enemigos más grandes del impulso para un líder? Mencione tantos como pueda, tanto internos como externos.

_____

_____

_____

_____

Actúe

¿Qué hace ordinariamente a fin de prepararse para su rol como seguidor y como líder cuando se trata de crear y mantener el impulso?

_____

_____

_____

_____

¿Qué necesita hacer de manera diferente con el objeto de ser un mejor candidato para generar impulso y hacer que su equipo se beneficie de su poder? ¿Cómo cambiará y cuándo iniciará su cambio?

_____

_____

_____

_____

Preguntas para discusión en grupo

1. ¿Por qué cree usted que Moisés sugirió un acuerdo de paz con Sehón rey de Hesbón y ofreció pagarle por dejarles pasar por su territorio?

2. ¿Qué beneficio dio a los israelitas el ataque de Sehón?

3. Si usted hubiera sido el rey Joás y Eliseo le hubiera pedido que golpeara el suelo, ¿qué habría hecho? ¿Habría adivinado lo que se proponía Eliseo? ¿Cuántas veces habría golpeado el suelo?

4. Jesús le cambió el nombre de Simón a «Pedro» porque dijo que este discípulo era la roca sobre la cual edificaría la iglesia (Mateo 16:18). Pero Pedro también negó a Jesús (Lucas 22:57). Si usted hubiera sido uno de los otros discípulos, ¿habría anticipado que Pedro predicaría con tanto denuedo y eficacia que tres mil personas vendrían a Cristo en un solo día? Explique su respuesta.

5. ¿Cuáles otros ejemplos de la Biblia recuerda usted que ilustran la Ley del Gran Impulso, ya sea de forma positiva o negativa?

6. ¿Cuál es la enseñanza más grande que obtuvo acerca de la Ley del Gran Impulso en esta lección? ¿Cómo se relaciona con su posición de liderazgo?

7. ¿Qué cambios en su liderazgo cree usted que Dios le está pidiendo que haga para aprovechar el impulso de su equipo u organización? ¿Cómo cambiará y cuándo empezará?

LECCIÓN 17

LA LEY DE LAS PRIORIDADES

Los líderes entienden que actividad no es necesariamente logro

DEFINICIÓN DE LA LEY

En el mundo acelerado de hoy, todos parecen celebrar la mucha ocupación. Eso se percibe como una señal de éxito y logros. Y cuanto más ocupados estemos, más debemos estar logrando, ¿cierto? No. La mucha ocupación no equivale a productividad. Llenar su calendario de actividades no necesariamente significa que se alcancen logros. La clave es llenar su tiempo con las actividades correctas. Esa es la ley de las prioridades.

Todos los líderes necesitan priorizar. Sencillamente no hay suficientes horas en el día para hacer todo lo que necesitamos o queremos hacer. Es esencial escoger y ordenar las tareas con sabiduría. Para eso se requiere de un esfuerzo intencionado y continuo. Tenemos que pensar con anticipación habitualmente, determinar lo que es importante, discernir qué es lo que sigue y ver cómo se relaciona todo con la visión general. Entonces solo colocamos las tareas correctas en nuestra agenda, en el orden correcto. Esto consume mucho tiempo y esfuerzo. Y no sucede a menos que hagamos que ocurra.

Si no dedica tiempo al proceso de priorizar, su lista de tareas lo dominará a usted, en lugar de lo contrario. Usted se verá presionado a cumplir lo urgente, sin evaluar si lo que está haciendo es verdaderamente importante. Estará ocupado, pero no será productivo.

Empiece por hacer una lista de todos los valores y compromisos que usted estima importantes. Esto puede incluir desde objetivos de salud y causas dignas hasta metas de trabajo y relaciones personales. Determine lo que realmente es importante para usted. ¿Se alinea todo con la manera en la cual usa su tiempo en la actualidad? Si valora el ejercicio, ¿aparece en su calendario? Si considera que la familia es muy importante, ¿cuánto tiempo dedicó a pasar con ella la semana pasada? Al planificar el uso de su tiempo en base a sus prioridades reales, sus actividades diarias darán por resultado logros, no solo ocupación.

Por años he priorizado mi calendario y mi lista de tareas con las tres «R». Esta letra encabeza las palabras requerido, resultado y recompensa. Elabore una lista de tareas respondiendo a las siguientes tres preguntas, en orden.

Primero, ¿qué es lo que se requiere de usted? Ya sea que estemos buscando cumplir con las expectativas de un jefe o cumplir con nuestras responsabilidades como padres de familia, amigo o cónyuge, sabemos que hay algunas tareas que no pueden negociarse y deben ocupar los primeros lugares en nuestra lista de prioridades. Si no está seguro de que algo realmente se le requiera, pregúntese: «¿Qué debo hacer yo que nadie más puede hacer por mí?». Si no se trata de una tarea obligatoria, no debiera aparecer en su lista. Si es necesaria, pero no se requiere que usted la cumpla personalmente, debiera ir en la lista de otra persona (en otras palabras, deléguela).

En segundo lugar, ¿qué dará el mayor resultado? ¿En dónde harán sus esfuerzos el impacto más grande? Esto probablemente será en sus áreas de mayor fortaleza. Las prioridades que se incluyen en esta sección de su lista deberán ser tareas que nadie más en su equipo puede hacerlas mejor que usted. Si hay otro que puede hacer la tarea mejor que usted, entonces empodérele para que la haga. Aun si usted tiene la capacidad de hacerla, pero hay otra persona que pueda realizarla por lo menos un ochenta por ciento como usted, deléguesela.

Tercero, ¿qué produce la recompensa mayor? En esta última sección, anote las cosas que hace que le brindan satisfacción personal. La vida es demasiado corta para no hacer algunas cosas que le encantan. Realizarlas mantiene su pasión con vida y la pasión es el combustible para seguir adelante.

La actividad no necesariamente equivale a logros. Esa es la Ley de las Prioridades. Los líderes no pueden darse el lujo permitir que las situaciones u otras personas decidan lo que es más importante para ellos. Usted no puede pensar solo en el marco de las estructuras convencionales. Tal vez necesite reinventar las estructuras. O derribarlas.

CASOS DE ESTUDIO

Lea estos casos de estudio de la Biblia y responda a las preguntas subsiguientes.

① ¿Qué es lo primero?

Mateo 15:1-20

¹ Entonces se acercaron a Jesús ciertos escribas y fariseos de Jerusalén, diciendo:
² ¿Por qué tus discípulos quebrantan la tradición de los ancianos? Porque no se lavan las manos cuando comen pan.

³ Respondiendo él, les dijo: ¿Por qué también vosotros quebrantáis el mandamiento de Dios por vuestra tradición?

⁴ Porque Dios mandó diciendo: Honra a tu padre y a tu madre; y: El que maldiga al padre o a la madre, muera irremisiblemente.

⁵ Pero vosotros decís: Cualquiera que diga a su padre o a su madre: Es mi ofrenda a Dios todo aquello con que pudiera ayudarte, ⁶ ya no ha de honrar a su padre o a su madre. Así habéis invalidado el mandamiento de Dios por vuestra tradición.

⁷ Hipócritas, bien profetizó de vosotros Isaías, cuando dijo:
⁸ Este pueblo de labios me honra;
Mas su corazón está lejos de mí.
⁹ Pues en vano me honran,
Enseñando como doctrinas, mandamientos de hombres.

¹⁰ Y llamando a sí a la multitud, les dijo: Oíd, y entended: ¹¹ No lo que entra en la boca contamina al hombre; mas lo que sale de la boca, esto contamina al hombre.

¹² Entonces acercándose sus discípulos, le dijeron: ¿Sabes que los fariseos se ofendieron cuando oyeron esta palabra?

¹³ Pero respondiendo él, dijo: Toda planta que no plantó mi Padre celestial, será desarraigada.

¹⁴ Dejadlos; son ciegos guías de ciegos; y si el ciego guiare al ciego, ambos caerán en el hoyo.

¹⁵ Respondiendo Pedro, le dijo: Explícanos esta parábola.
¹⁶ Jesús dijo: ¿También vosotros sois aún sin entendimiento?

¹⁷ *¿No entendéis que todo lo que entra en la boca va al vientre, y es echado en la letrina?*

¹⁸ *Pero lo que sale de la boca, del corazón sale; y esto contamina al hombre.*

¹⁹ *Porque del corazón salen los malos pensamientos, los homicidios, los adulterios, las fornicaciones, los hurtos, los falsos testimonios, las blasfemias.*

²⁰ *Estas cosas son las que contaminan al hombre; pero el comer con las manos sin lavar no contamina al hombre.*

Preguntas de estudio

1. ¿Cuáles eran las prioridades de los fariseos y los escribas? ¿Por qué eran importantes esas cosas para ellos?

_____

_____

_____

_____

_____

2. ¿Cuál era la prioridad de Jesús?

_____

_____

_____

_____

_____

3. Como líder, ¿qué responsabilidades tenía Jesús hacia aquellos que no lo seguían? ¿Cómo trató a esas personas? ¿Qué responsabilidades tenía hacia los que *sí* lo seguían? ¿Cómo trató a esas personas?

_____

_____

_____

_____

_____

4. ¿Cuáles son las implicaciones del comentario de Jesús refiriéndose a que sus seguidores deberían dejar de seguir a líderes ciegos?

_____

_____

_____

② Dos hermanas, dos perspectivas

Lucas 10:38-42

38 Aconteció que yendo de camino, entró en una aldea; y una mujer llamada Marta le recibió en su casa.

39 Esta tenía una hermana que se llamaba María, la cual, sentándose a los pies de Jesús, oía su palabra.

40 Pero Marta se preocupaba con muchos quehaceres, y acercándose, dijo: Señor, ¿no te da cuidado que mi hermana me deje servir sola? Dile, pues, que me ayude.

41 Respondiendo Jesús, le dijo: Marta, Marta, afanada y turbada estás con muchas cosas.

42 Pero sólo una cosa es necesaria; y María ha escogido la buena parte, la cual no le será quitada.

Preguntas de estudio

1. Observe que el pasaje dice que «Marta se preocupaba con muchos quehaceres». Si las cosas que ella estaba haciendo *tenían* que hacerse, ¿por qué estaban mal sus prioridades?

_____

_____

_____

_____

2. Cuando Marta le dice a Jesús: «Señor, ¿no te da cuidado que mi hermana me deje servir sola? Dile, pues, que me ayude», ¿cuál es la causa principal de ese estallido emocional de Marta?

_____

_____

_____

_____

_____

_____

3. ¿Cree usted que la diferencia entre Marta y María se debió a personalidad, prioridades, antecedentes familiares o alguna otra razón? Explique su respuesta.

_____

_____

_____

_____

_____

_____

4. ¿Cuál es su reacción a la respuesta que Jesús le dio a Marta? ¿Qué nos dice acerca de su liderazgo?

_____

_____

_____

_____

_____

❸ Lo requerido, el resultado y la recompensa de los Doce

Hechos 6:1-7

¹ En aquellos días, como creciera el número de los discípulos, hubo murmuración de los griegos contra los hebreos, de que las viudas de aquéllos eran desatendidas en la distribución diaria.

² Entonces los doce convocaron a la multitud de los discípulos, y dijeron: No es justo que nosotros dejemos la palabra de Dios, para servir a las mesas.

³ Buscad, pues, hermanos, de entre vosotros a siete varones de buen testimonio, llenos del Espíritu Santo y de sabiduría, a quienes encarguemos de este trabajo.

⁴ Y nosotros persistiremos en la oración y en el ministerio de la palabra.

⁵ Agradó la propuesta a toda la multitud; y eligieron a Esteban, varón lleno de fe y del Espíritu Santo, a Felipe, a Prócoro, a Nicanor, a Timón, a Parmenas, y a Nicolás prosélito de Antioquía; ⁶ a los cuales presentaron ante los apóstoles, quienes, orando, les impusieron las manos.

⁷ Y crecía la palabra del Señor, y el número de los discípulos se multiplicaba grandemente en Jerusalén; también muchos de los sacerdotes obedecían a la fe.

Preguntas de estudio

1. Cuando los Doce escucharon la queja, ¿piensa usted que ellos supieron, de inmediato, cómo responder a ella? ¿O piensa usted que tuvieron que discutir entre ellos sobre sus prioridades antes de reunir al grupo para darles sus instrucciones? Explique su respuesta.

_____

_____

_____

_____

_____

2. ¿De qué otras maneras podrían haber respondido los Doce? ¿Es alguna de las alternativas que se le ocurren mejor que la que idearon ellos?

_____

_____

_____

_____

_____

3. ¿Cuáles decisiones basadas en prioridades tomaron los Doce en este pasaje? Mencione todas las que encuentre.

_____

_____

_____

_____

_____

_____

4. ¿Por qué piensa usted que los Doce delegaron la selección de los siete a todo el grupo de discípulos?

_____

_____

_____

_____

_____

PERSPECTIVAS DE LIDERAZGO Y REFLEXIÓN

Basado en los pasajes leídos, ¿cuáles diría usted que son las prioridades de un seguidor de Cristo?

_____

_____

_____

_____

_____

_____

_____

_____

_____

_____

_____

¿Cómo se relacionan esas prioridades con su vida y su liderazgo? ¿Está usted alineado con ellas? ¿Cuáles está quebrantando?

_____
_____
_____
_____
_____

ACTÚE

¿De qué manera le está pidiendo Dios que cambie sus prioridades como seguidor de Jesús? ¿Y como líder? Menciónelas.

_____
_____
_____
_____
_____
_____
_____
_____

¿Qué puede hacer usted _hoy_ para alinearse mejor con Cristo como persona y como líder?

_____
_____
_____
_____
_____
_____
_____
_____
_____

Preguntas para discusión en grupo

1. ¿Qué se proponían los fariseos y los escribas cuando confrontaron a Jesús?

2. ¿Cuál era la fuente de las prioridades de los fariseos y escribas? ¿Qué podemos aprender de sus errores?

3. ¿Se identifica usted más con Marta o con María? Explique su respuesta. ¿Cómo ha afectado su actitud mental a su liderazgo?

4. ¿Qué es la «una cosa» a la que se refería Jesús cuando hablaba de María? ¿Cómo puede aplicar eso a su liderazgo?

5. Piense en su labor como líder. ¿Cuánto tiempo y esfuerzo dedica usted a cada una de las tres áreas siguientes?

   - *Requerido:* ¿Qué se requiere de usted? Estas son cosas que solo usted puede hacer.
   - *Resultado:* ¿Qué cosas le dan el mayor resultado? Estas tareas representan la mejor inversión de su tiempo.
   - *Recompensa:* ¿Qué le da la mayor recompensa? Estas son las tareas que usted más disfruta.

6. ¿Qué porcentaje de su tiempo y esfuerzo dedica usted a cosas que están fuera de estas tres áreas?

7. ¿Qué cambios cree usted que Dios le está pidiendo que haga en sus prioridades? ¿Cuándo hará esos cambios?

LECCIÓN 18

LA LEY DEL SACRIFICIO

Un líder debe ceder para ascender

DEFINICIÓN DE LA LEY

Existe una percepción equivocada de que el liderazgo tiene que ver con posición, beneficios y poder. Muchos anhelan ascender en la jerarquía corporativa porque creen que la libertad, el poder y las riquezas son las recompensas que les esperan en la cima. La vida de un líder puede parecer glamorosa a los que están fuera, pero la realidad es que el líder debe ceder para ascender. En otras palabras, cuanto más uno asciende en el liderazgo, más tiene que estar dispuesto a sacrificar. El corazón del buen liderazgo es el sacrificio. A continuación, tenemos algunas verdades acerca del sacrificio que todo líder debe aceptar:

No hay éxito sin sacrificio. Todo el que haya logrado algo de éxito en la vida ha tenido que hacer sacrificios para lograrlo. Muchos invierten cuatro años o más y miles de dólares en una educación universitaria para adquirir las aptitudes que necesitan para su carrera. Los atletas sacrifican incontables horas en el gimnasio y en el campo de la práctica preparándose para jugar a los niveles más altos. Los padres de familia sacrifican una gran parte de su tiempo libre y de sus recursos para hacer un buen trabajo en la crianza de sus hijos. La vida comprende una serie de intercambios, una cosa por otra. En ninguna otra área es más cierto esto que en la del liderazgo. Los líderes eficaces sacrifican muchas cosas buenas a fin de dedicarse a lo mejor. Así funciona la Ley del Sacrificio.

A menudo se les pide a los líderes que sacrifiquen más que los demás. La pasión de los líderes genuinos es poner a los seguidores por encima de sí mismos. Por ese motivo, los mejores líderes ceden sus derechos. A medida que se asciende en el liderazgo, en realidad, las alternativas y los derechos van disminuyendo. Con cada nueva responsabilidad que se acepte, menor cantidad de alternativas se tendrán.

Hay que continuar cediendo para mantenerse arriba. Muchos están dispuestos a sacrificar en las primeras etapas de su carrera como líderes. Aceptan un territorio no deseado a fin de crear un nombre para sí mismos en ese papel. Trasladan a sus familias a una ciudad menos deseable para aceptar un mejor cargo. Aceptan una reducción temporal de salario a cambio de mejores oportunidades de ascenso. El peligro que corren los líderes es llegar a la conclusión de que se han ganado el derecho de dejar de sacrificarse. En el liderazgo, el sacrificio es un proceso continuo, no es un pago que se hace una sola vez. El éxito de hoy es la amenaza más grande que enfrenta el éxito de mañana. Y aquello que llevó a un equipo a la cima no es lo que lo mantiene allí. El éxito del liderazgo requiere de cambios continuos, mejoras constantes y sacrificios sin fin.

Siempre se hace un sacrificio. Toda vez que uno ve el éxito, se puede estar seguro de que alguien se sacrificó para que fuera posible. Cuando uno sacrifica algo, aunque no llegue a ser testigo del éxito, puede estar seguro de que alguien en el futuro se beneficiará de ello. Lo opuesto también es verdadero. Si ha alcanzado algo de éxito sin hacer su propio sacrificio, ello se debe a que está apoyado en los hombros de aquellos que sacrificaron antes de usted.

Los líderes más grandes siempre han estado dispuestos a ceder para ascender y a continuar cediendo. Saben que el éxito proviene del sacrificio. Y el valor del sacrificio de un líder es que tiene el potencial de crear éxito para otros y hasta cambiar el mundo. Cuando los líderes ceden sus derechos, el equipo gana. Esa es la Ley del Sacrificio.

CASOS DE ESTUDIO

Lea estos casos de estudio de la Biblia y responda a las preguntas subsiguientes.

 Apartados

Números 6:1-21

[1] Habló Jehová a Moisés, diciendo: [2] Habla a los hijos de Israel y diles: El hombre o la mujer que se apartare haciendo voto de nazareo, para dedicarse a Jehová, [3]

se abstendrá de vino y de sidra; no beberá vinagre de vino, ni vinagre de sidra, ni beberá ningún licor de uvas, ni tampoco comerá uvas frescas ni secas.

⁴ Todo el tiempo de su nazareato, de todo lo que se hace de la vid, desde los granillos hasta el hollejo, no comerá.

⁵ Todo el tiempo del voto de su nazareato no pasará navaja sobre su cabeza; hasta que sean cumplidos los días de su apartamiento a Jehová, será santo; dejará crecer su cabello.

⁶ Todo el tiempo que se aparte para Jehová, no se acercará a persona muerta.

⁷ Ni aun por su padre ni por su madre, ni por su hermano ni por su hermana, podrá contaminarse cuando mueran; porque la consagración de su Dios tiene sobre su cabeza.

⁸ Todo el tiempo de su nazareato, será santo para Jehová.

⁹ Si alguno muriere súbitamente junto a él, su cabeza consagrada será contaminada; por tanto, el día de su purificación raerá su cabeza; al séptimo día la raerá.

¹⁰ Y el día octavo traerá dos tórtolas o dos palominos al sacerdote, a la puerta del tabernáculo de reunión.

¹¹ Y el sacerdote ofrecerá el uno en expiación, y el otro en holocausto; y hará expiación de lo que pecó a causa del muerto, y santificará su cabeza en aquel día.

¹² Y consagrará para Jehová los días de su nazareato, y traerá un cordero de un año en expiación por la culpa; y los días primeros serán anulados, por cuanto fue contaminado su nazareato.

¹³ Esta es, pues, la ley del nazareo el día que se cumpliere el tiempo de su nazareato: Vendrá a la puerta del tabernáculo de reunión, ¹⁴ y ofrecerá su ofrenda a Jehová, un cordero de un año sin tacha en holocausto, y una cordera de un año sin defecto en expiación, y un carnero sin defecto por ofrenda de paz.

¹⁵ Además un canastillo de tortas sin levadura, de flor de harina amasadas con aceite, y hojaldres sin levadura untadas con aceite, y su ofrenda y sus libaciones.

¹⁶ Y el sacerdote lo ofrecerá delante de Jehová, y hará su expiación y su holocausto; ¹⁷ y ofrecerá el carnero en ofrenda de paz a Jehová, con el canastillo de los panes sin levadura; ofrecerá asimismo el sacerdote su ofrenda y sus libaciones.

¹⁸ Entonces el nazareo raerá a la puerta del tabernáculo de reunión su cabeza consagrada, y tomará los cabellos de su cabeza consagrada y los pondrá sobre el fuego que está debajo de la ofrenda de paz.

¹⁹ Después tomará el sacerdote la espaldilla cocida del carnero, una torta sin

levadura del canastillo, y una hojaldre sin levadura, y las pondrá sobre las manos del nazareo, después que fuere raída su cabeza consagrada; [20] *y el sacerdote mecerá aquello como ofrenda mecida delante de Jehová, lo cual será cosa santa del sacerdote, además del pecho mecido y de la espaldilla separada; después el nazareo podrá beber vino.*

[21] *Esta es la ley del nazareo que hiciere voto de su ofrenda a Jehová por su nazareato, además de lo que sus recursos le permitieren; según el voto que hiciere, así hará, conforme a la ley de su nazareato.*

Preguntas de estudio

1. ¿Por qué desearía alguien hacer un voto nazareo?

_____

_____

_____

_____

2. ¿De qué maneras el voto nazareo es simbólicamente similar a las responsabilidades de aceptar una posición de liderazgo?

_____

_____

_____

_____

3. ¿Por qué piensa usted que un nazareo que se contamina está obligado a empezar de nuevo desde el principio? ¿Piensa usted que hay paralelos con esto en el liderazgo?

_____

_____

_____

_____

2 Pablo se niega a valerse de sus privilegios

1 Corintios 9:1-23

---

1 ¿No soy apóstol? ¿No soy libre? ¿No he visto a Jesús el Señor nuestro? ¿No sois vosotros mi obra en el Señor?

2 Si para otros no soy apóstol, para vosotros ciertamente lo soy; porque el sello de mi apostolado sois vosotros en el Señor.

3 Contra los que me acusan, esta es mi defensa: 4 ¿Acaso no tenemos derecho de comer y beber?

5 ¿No tenemos derecho de traer con nosotros una hermana por mujer como también los otros apóstoles, y los hermanos del Señor, y Cefas?

6 ¿O sólo yo y Bernabé no tenemos derecho de no trabajar?

7 ¿Quién fue jamás soldado a sus propias expensas? ¿Quién planta viña y no come de su fruto? ¿O quién apacienta el rebaño y no toma de la leche del rebaño?

8 ¿Digo esto sólo como hombre? ¿No dice esto también la ley?

9 Porque en la ley de Moisés está escrito: No pondrás bozal al buey que trilla. ¿Tiene Dios cuidado de los bueyes, 10 o lo dice enteramente por nosotros? Pues por nosotros se escribió; porque con esperanza debe arar el que ara, y el que trilla, con esperanza de recibir del fruto.

11 Si nosotros sembramos entre vosotros lo espiritual, ¿es gran cosa si segáremos de vosotros lo material?

12 Si otros participan de este derecho sobre vosotros, ¿cuánto más nosotros? Pero no hemos usado de este derecho, sino que lo soportamos todo, por no poner ningún obstáculo al evangelio de Cristo.

13 ¿No sabéis que los que trabajan en las cosas sagradas, comen del templo, y que los que sirven al altar, del altar participan?

14 Así también ordenó el Señor a los que anuncian el evangelio, que vivan del evangelio.

15 Pero yo de nada de esto me he aprovechado, ni tampoco he escrito esto para que se haga así conmigo; porque prefiero morir, antes que nadie desvanezca esta mi gloria.

16 Pues si anuncio el evangelio, no tengo por qué gloriarme; porque me es impuesta necesidad; y ¡ay de mí si no anunciare el evangelio!

¹⁷ Por lo cual, si lo hago de buena voluntad, recompensa tendré; pero si de mala voluntad, la comisión me ha sido encomendada.

¹⁸ ¿Cuál, pues, es mi galardón? Que predicando el evangelio, presente gratuitamente el evangelio de Cristo, para no abusar de mi derecho en el evangelio.

¹⁹ Por lo cual, siendo libre de todos, me he hecho siervo de todos para ganar a mayor número.

²⁰ Me he hecho a los judíos como judío, para ganar a los judíos; a los que están sujetos a la ley (aunque yo no esté sujeto a la ley) como sujeto a la ley, para ganar a los que están sujetos a la ley; ²¹ a los que están sin ley, como si yo estuviera sin ley (no estando yo sin ley de Dios, sino bajo la ley de Cristo), para ganar a los que están sin ley.

²² Me he hecho débil a los débiles, para ganar a los débiles; a todos me he hecho de todo, para que de todos modos salve a algunos.

²³ Y esto hago por causa del evangelio, para hacerme copartícipe de él.

Preguntas de estudio

1. ¿Cuáles son todos los privilegios a los cuales dice Pablo que tiene derecho por ser apóstol? Menciónelos.

_____

_____

_____

2. ¿Cuáles sacrificios dice Pablo que ha hecho? Menciónelos.

_____

_____

_____

3. ¿Piensa usted que Pablo logró más al renunciar a sus privilegios o cree que habría tenido un impacto mayor si hubiera aprovechado esos privilegios? Explique su respuesta.

_____

_____

_____

③ Estableciendo el estándar para el liderazgo

1 Timoteo 3:1-10

¹ Palabra fiel: Si alguno anhela obispado, buena obra desea.

² Pero es necesario que el obispo sea irreprensible, marido de una sola mujer, sobrio, prudente, decoroso, hospedador, apto para enseñar; ³ no dado al vino, no pendenciero, no codicioso de ganancias deshonestas, sino amable, apacible, no avaro; ⁴ que gobierne bien su casa, que tenga a sus hijos en sujeción con toda honestidad ⁵ (pues el que no sabe gobernar su propia casa, ¿cómo cuidará de la iglesia de Dios?); ⁶ no un neófito, no sea que envaneciéndose caiga en la condenación del diablo.

⁷ También es necesario que tenga buen testimonio de los de afuera, para que no caiga en descrédito y en lazo del diablo.

⁸ Los diáconos asimismo deben ser honestos, sin doblez, no dados a mucho vino, no codiciosos de ganancias deshonestas; ⁹ que guarden el misterio de la fe con limpia conciencia.

¹⁰ Y éstos también sean sometidos a prueba primero, y entonces ejerzan el diaconado, si son irreprensibles.

Preguntas de estudio

1. El término *obispo* también se traduce como *anciano*. Eso no importa, es una posición de liderazgo y la carta de Pablo a Timoteo deja claro que el deseo de ser líder es una aspiración noble. ¿Por qué cree que Pablo enumeró los requisitos para el liderazgo?

_____

_____

_____

_____

2. Observe los requisitos que Pablo menciona. ¿Qué sacrificios pueden inferirse que son necesarios que el líder haga para calificar como obispo?

_____

_____

_____

3. ¿Por qué envanecerse podría ser un peligro para un neófito, o recién convertido, que sea seleccionado como líder? ¿Existe alguna aplicación de este concepto en el liderazgo secular en el cual personas inexpertas sean seleccionadas para el liderazgo? Explique.

_____

_____

_____

4. ¿Por qué insiste Pablo en que un líder tenga buen testimonio con los de afuera? ¿Qué tan importante es esto para el liderazgo secular? Explique.

_____

_____

_____

Perspectivas de liderazgo y reflexión

¿Cuáles derechos o privilegios se ha ganado usted como líder?

_____

_____

_____

_____

¿Cuándo y cómo utiliza usted esos derechos y privilegios?

_____

_____

_____

_____

¿Existen pautas de un liderazgo eficaz que usted sepa que no está cumpliendo? En tal caso, ¿cuáles son? ¿En qué está usted fallando?

_____

_____

_____

_____

ACTÚE

¿Existen cosas que debiera estar sacrificando o cediendo para mejorar su liderazgo o para servir mejor a su equipo o su organización? ¿Qué sacrificios tendría que hacer?

_____

_____

_____

_____

¿Le resulta difícil hacer esos sacrificios? En caso afirmativo, ¿por qué? ¿Qué beneficios podría mencionar que le impulsarían a hacerlos?

_____

_____

_____

_____

¿Qué cambios sacrificiales hará de inmediato por el bien de otros?

_____

_____

_____

_____

Preguntas para discusión en grupo

1. ¿Cuál es su reacción a las complejidades de los requisitos del voto de nazareo? ¿Puede identificarse con ellas en alguna manera? Explique.

2. ¿Qué tan difícil cree que fue para Pablo dejar de lado sus derechos y privilegios de apóstol al seguir el llamado de Dios?

3. La primera carta de Pablo a los Corintios fue motivada principalmente por su mala conducta. Usted, en su papel de líder apto y llamado que desea tratar este tema, ¿cómo lo habría manejado?

4. Cuando leyó los requisitos de un obispo en la primera carta de Pablo a Timoteo, ¿le parece que la norma es demasiado elevada, demasiado baja o apropiada? Explique su respuesta.

5. ¿Tiende a ponerse a usted mismo un estándar de liderazgo más alto que el que le ponen los demás, o los demás le ponen un estándar más alto que el que usted mismo se establece? Explique su respuesta. ¿Cuáles son las implicaciones de su respuesta para su organización y para usted?

6. ¿Qué sacrificio está Dios pidiéndole que haga para que sea un líder más eficaz? ¿Por qué cree usted que le está pidiendo que lo haga?

7. ¿Qué cambios hará en respuesta a Dios? ¿Cuándo y cómo los hará?

LECCIÓN 19

LA LEY DEL MOMENTO OPORTUNO

Cuándo actuar es tan importante como qué hacer y dónde ir

DEFINICIÓN DE LA LEY

Es posible que los líderes tengan una visión magnífica, pero pospongan la acción hasta que es demasiado tarde para implementarla. O quizás sepan con exactitud hacia dónde deberá dirigirse el equipo a continuación, pero no logran llevarlo allí porque intentan empujar a su gente —con impaciencia— antes de que esté lista. En ambos casos, los líderes tenían una gran visión, pero una muy mala percepción del momento oportuno. El momento oportuno casi siempre marca la diferencia entre el éxito y el fracaso de una empresa. A menudo lo es todo, en realidad. Cuándo actuar es tan importante como qué hacer y dónde ir. Esa es la Ley del Momento Oportuno. Así se cumple esta regla en el liderazgo: cada vez que un líder hace un movimiento, en realidad solo hay cuatro resultados:

La acción incorrecta en el momento incorrecto conduce al desastre. Las malas ideas en un mal momento producen malos resultados. Esto es bastante evidente, pero nunca debe ignorarse. Un líder eficaz se asegura tanto del qué como del cuándo. Solo entonces actúa. Cuando ocurre un desastre, el equipo sufre. Y su liderazgo también.

La acción correcta en el momento incorrecto resulta en resistencia. No importa qué tan convencido esté de la perfección de sus planes, si intenta presentarlos o implementarlos antes de que su gente esté lista, encontrará resistencia. Y cuanto más se esfuerce por avanzar, más resistencia enfrentará. El liderazgo a menudo requiere de mucha paciencia. El que usted vea la visión con claridad no significa que su equipo esté listo para recibirla. Espere y actúe en el momento correcto.

La acción incorrecta en el momento correcto es una equivocación. Algunos individuos que, por naturaleza, son emprendedores tienen un sentido fuerte del momento oportuno. Intuyen cuándo es el momento de moverse, por lo que se sienten ansiosos por actuar. Usualmente tienen la razón: hay una oportunidad que aprovechar. Pero, si no han aclarado la visión, pueden sentir tanto entusiasmo por dar un paso que hacen un movimiento equivocado. No se mueva solo por moverse. Espere hasta saber qué hacer antes de intentarlo.

La acción correcta en el momento correcto produce éxito. Todo sencillamente funciona. El equipo logra sus metas, cosecha las recompensas y genera impulso. Algunas veces, cuando el líder correcto ejecuta la acción correcta en el momento correcto, se produce un momento crucial y lo transforma todo. Cuando uno se siente confiado en su visión y está seguro del momento oportuno, es cuando debe dar el paso.

Leer una situación y saber qué hacer o dónde ir no basta para hacer que alcance el éxito en su liderazgo. Si desea que su organización, departamento o equipo avance, es necesario que preste atención al momento oportuno. Solo la acción correcta *en el momento correcto* trae el éxito. Cualquier otra alternativa exige su precio. Ningún líder se escapa de la Ley del Momento Oportuno.

CASOS DE ESTUDIO

Lea estos casos de estudio de la Biblia y responda a las preguntas subsiguientes.

① La mala decisión de Saúl

1 Samuel 10:1, 5-8

¹ Tomando entonces Samuel una redoma de aceite, la derramó sobre su cabeza, y lo besó, y le dijo: ¿No te ha ungido Jehová por príncipe sobre su pueblo Israel? [...]
⁵ Después de esto llegarás al collado de Dios donde está la guarnición de los filisteos; y cuando entres allá en la ciudad encontrarás una compañía de profetas

que descienden del lugar alto, y delante de ellos salterio, pandero, flauta y arpa, y ellos profetizando.

⁶ Entonces el Espíritu de Jehová vendrá sobre ti con poder, y profetizarás con ellos, y serás mudado en otro hombre.

⁷ Y cuando te hayan sucedido estas señales, haz lo que te viniere a la mano, porque Dios está contigo.

⁸ Luego bajarás delante de mí a Gilgal; entonces descenderé yo a ti para ofrecer holocaustos y sacrificar ofrendas de paz. Espera siete días, hasta que yo venga a ti y te enseñe lo que has de hacer.

1 Samuel 13:5-14

⁵ Entonces los filisteos se juntaron para pelear contra Israel, treinta mil carros, seis mil hombres de a caballo, y pueblo numeroso como la arena que está a la orilla del mar; y subieron y acamparon en Micmas, al oriente de Bet-avén

⁶ Cuando los hombres de Israel vieron que estaban en estrecho (porque el pueblo estaba en aprieto), se escondieron en cuevas, en fosos, en peñascos, en rocas y en cisternas.

⁷ Y algunos de los hebreos pasaron el Jordán a la tierra de Gad y de Galaad; pero Saúl permanecía aún en Gilgal, y todo el pueblo iba tras él temblando.

⁸ Y él esperó siete días, conforme al plazo que Samuel había dicho; pero Samuel no venía a Gilgal, y el pueblo se le desertaba.

⁹ Entonces dijo Saúl: Traedme holocausto y ofrendas de paz. Y ofreció el holocausto.

¹⁰ Y cuando él acababa de ofrecer el holocausto, he aquí Samuel que venía; y Saúl salió a recibirle, para saludarle.

¹¹ Entonces Samuel dijo: ¿Qué has hecho? Y Saúl respondió: Porque vi que el pueblo se me desertaba, y que tú no venías dentro del plazo señalado, y que los filisteos estaban reunidos en Micmas, ¹² me dije: Ahora descenderán los filisteos contra mí a Gilgal, y yo no he implorado el favor de Jehová. Me esforcé, pues, y ofrecí holocausto.

¹³ Entonces Samuel dijo a Saúl: Locamente has hecho; no guardaste el mandamiento de Jehová tu Dios que él te había ordenado; pues ahora Jehová hubiera confirmado tu reino sobre Israel para siempre.

¹⁴ Mas ahora tu reino no será duradero. Jehová se ha buscado un varón conforme a su corazón, al cual Jehová ha designado para que sea príncipe sobre su pueblo, por cuanto tú no has guardado lo que Jehová te mandó.

Preguntas de estudio

1. ¿Qué motivó a Saúl a ofrecer el holocausto por él mismo?

2. La mayoría de las personas admira a los líderes proactivos que hacen que las cosas sucedan. ¿Por qué fueron equivocadas las acciones de Saúl?

3. ¿Cuál fue el costo de que Saúl violara la Ley del Momento Oportuno?

❷ El destino de una nación depende de su elección del momento oportuno

Ester 3:13-14

¹³ Y fueron enviadas cartas por medio de correos a todas las provincias del rey, con la orden de destruir, matar y exterminar a todos los judíos, jóvenes y ancianos, niños y mujeres, en un mismo día, en el día trece del mes duodécimo, que es el mes de Adar, y de apoderarse de sus bienes.

¹⁴ La copia del escrito que se dio por mandamiento en cada provincia fue publicada a todos los pueblos, a fin de que estuviesen listos para aquel día.

Ester 4:1-16

¹ Luego que supo Mardoqueo todo lo que se había hecho, rasgó sus vestidos, se vistió de cilicio y de ceniza, y se fue por la ciudad clamando con grande y amargo clamor.

² Y vino hasta delante de la puerta del rey; pues no era lícito pasar adentro de la puerta del rey con vestido de cilicio.

³ Y en cada provincia y lugar donde el mandamiento del rey y su decreto llegaba, tenían los judíos gran luto, ayuno, lloro y lamentación; cilicio y ceniza era la cama de muchos.

⁴ Y vinieron las doncellas de Ester, y sus eunucos, y se lo dijeron. Entonces la reina tuvo gran dolor, y envió vestidos para hacer vestir a Mardoqueo, y hacerle quitar el cilicio; mas él no los aceptó.

⁵ Entonces Ester llamó a Hatac, uno de los eunucos del rey, que él había puesto al servicio de ella, y lo mandó a Mardoqueo, con orden de saber qué sucedía, y por qué estaba así.

⁶ Salió, pues, Hatac a ver a Mardoqueo, a la plaza de la ciudad, que estaba delante de la puerta del rey.

⁷ Y Mardoqueo le declaró todo lo que le había acontecido, y le dio noticia de la plata que Amán había dicho que pesaría para los tesoros del rey a cambio de la destrucción de los judíos.

⁸ Le dio también la copia del decreto que había sido dado en Susa para que fuesen destruidos, a fin de que la mostrase a Ester y se lo declarase, y le encargara que fuese ante el rey a suplicarle y a interceder delante de él por su pueblo.

⁹ Vino Hatac y contó a Ester las palabras de Mardoqueo.

¹⁰ Entonces Ester dijo a Hatac que le dijese a Mardoqueo: ¹¹ Todos los siervos del rey, y el pueblo de las provincias del rey, saben que cualquier hombre o mujer que entra en el patio interior para ver al rey, sin ser llamado, una sola ley hay respecto a él: ha de morir; salvo aquel a quien el rey extendiere el cetro de oro, el cual vivirá; y yo no he sido llamada para ver al rey estos treinta días.

¹² Y dijeron a Mardoqueo las palabras de Ester.

¹³ Entonces dijo Mardoqueo que respondiesen a Ester: No pienses que escaparás en la casa del rey más que cualquier otro judío.

¹⁴ Porque si callas absolutamente en este tiempo, respiro y liberación vendrá de alguna otra parte para los judíos; mas tú y la casa de tu padre pereceréis. ¿Y quién sabe si para esta hora has llegado al reino?

¹⁵ Y Ester dijo que respondiesen a Mardoqueo: ¹⁶ Ve y reúne a todos los judíos que se hallan en Susa, y ayunad por mí, y no comáis ni bebáis en tres días, noche y día; yo también con mis doncellas ayunaré igualmente, y entonces entraré a ver al rey, aunque no sea conforme a la ley; y si perezco, que perezca.

Preguntas de estudio

1. ¿Qué papel juega la valentía cuando se trata de aprovechar el momento oportuno en el liderazgo?

_____

_____

_____

_____

2. ¿Se necesita más valentía para esperar o para actuar? Explique su respuesta.

_____

_____

_____

_____

3. En la situación de Ester, una gran parte del momento oportuno estaba fuera de su control. ¿Qué cosas que estaban bajo su control intentó hacer para que el momento fuera ventajoso para ella?

_____

_____

_____

_____

3 Jesús esperó el momento correcto

Juan 7:1-15

¹ Después de estas cosas, andaba Jesús en Galilea; pues no quería andar en Judea, porque los judíos procuraban matarle.

² Estaba cerca la fiesta de los judíos, la de los tabernáculos; ³ y le dijeron sus hermanos: Sal de aquí, y vete a Judea, para que también tus discípulos vean las obras que haces.

⁴ Porque ninguno que procura darse a conocer hace algo en secreto. Si estas cosas haces, manifiéstate al mundo.

⁵ Porque ni aun sus hermanos creían en él.

⁶ Entonces Jesús les dijo: Mi tiempo aún no ha llegado, mas vuestro tiempo siempre está presto.

⁷ No puede el mundo aborreceros a vosotros; mas a mí me aborrece, porque yo testifico de él, que sus obras son malas.

⁸ Subid vosotros a la fiesta; yo no subo todavía a esa fiesta, porque mi tiempo aún no se ha cumplido.

⁹ Y habiéndoles dicho esto, se quedó en Galilea.

¹⁰ Pero después que sus hermanos habían subido, entonces él también subió a la fiesta, no abiertamente, sino como en secreto.

¹¹ Y le buscaban los judíos en la fiesta, y decían: ¿Dónde está aquél?

¹² Y había gran murmullo acerca de él entre la multitud, pues unos decían: Es bueno; pero otros decían: No, sino que engaña al pueblo.

¹³ Pero ninguno hablaba abiertamente de él, por miedo a los judíos.

¹⁴ Mas a la mitad de la fiesta subió Jesús al templo, y enseñaba.

¹⁵ Y se maravillaban los judíos, diciendo: ¿Cómo sabe éste letras, sin haber estudiado?

Preguntas de estudio

1. ¿Por qué los hermanos de Jesús quisieron presionarlo para que fuera a Jerusalén a la fiesta de los tabernáculos? ¿Cuál era su motivación? ¿Cuál era la motivación de Jesús?

_____

_____

_____

_____

_____

2. ¿Qué piensa usted que quiso decir Jesús cuando afirmó que aún no se había cumplido su tiempo? Explique.

_____

_____

_____

_____

_____

3. ¿Por qué cree usted que Jesús esperó y que poco después fue a Jerusalén de todas maneras? ¿Qué diferencia hizo la selección de ese momento? ¿Estaba intentando conectarse con algunas personas en especial?

_____

_____

_____

_____

_____

4. Jesús esperó hasta que el festival estuviera en curso para empezar a enseñar. ¿Qué impacto tuvo la selección de ese momento?

_____

_____

_____

_____

_____

Perspectivas de liderazgo
y reflexión

¿Qué criterio utilizó cada uno de los líderes para determinar el momento oportuno en los pasajes leídos? ¿Cuáles criterios fueron buenos y cuáles no? ¿Por qué?

_____

_____

_____

_____

¿Cómo juzga usted el momento oportuno para sus acciones como líder? ¿Qué criterios utiliza para decidir cuándo actuar y cuándo esperar? Mencione tantos criterios como pueda a continuación:

_____

_____

_____

Repase la lista que escribió en su respuesta a la pregunta anterior. En una escala de uno (ineficaz) a diez (muy eficaz), califique cada idea de la lista. ¿Qué tienen en común las ideas con puntaje bajo? ¿Qué tienen en común las de puntaje alto?

_____

_____

_____

Actúe

Basado en el análisis de sus criterios para seleccionar el momento oportuno, ¿qué debe cambiar para mejorar la práctica de la Ley del Momento Oportuno? ¿Qué hará y cuándo lo hará?

_____

_____

_____

Preguntas para discusión en grupo

1. ¿Por qué cree usted que Samuel le dio instrucciones tan específicas a Saúl sobre lo que debía hacer? ¿Y por qué le respondió de manera tan dura?

2. ¿Qué cree usted que habría sucedido si Saúl hubiera continuado esperando conforme a lo que se le había mandado y le hubiera permitido a Samuel ofrecer los sacrificios? ¿Cómo podría haber cambiado eso el resto de la historia de Israel?

3. ¿De qué manera afectaron las emociones a la forma en que el líder evaluó el momento oportuno en los tres pasajes? ¿Ayudaron las emociones al líder a tomar decisiones buenas o malas en cuanto al momento oportuno?

4. Como líder, ¿qué criterios piensa usted que son importantes para evaluar qué hacer y cuándo hacerlo?

5. ¿Qué cambios en su liderazgo cree usted que Dios le está pidiendo que haga para mejorar su aplicación de la Ley del Momento Oportuno?

6. ¿Qué tan difícil le será hacer esos cambios? ¿Cómo los iniciará?

LA LEY DEL CRECIMIENTO EXPLOSIVO

Para añadir crecimiento, lidere seguidores; para multiplicarse, dirija líderes

DEFINICIÓN DE LA LEY

Los líderes, en su mayoría, son impacientes. Quieren ver que su visión se cumpla. Se deleitan en el avance. Los buenos líderes evalúan rápidamente dónde se encuentra una organización, proyectan hacia dónde tiene que ir y tienen ideas apropiadas sobre cómo llevarla allí. El problema es que la mayoría de las veces las personas y la organización van rezagados detrás del líder. Por ese motivo, los líderes siempre sienten una tensión entre donde *están* ellos y su gente, y donde *debieran estar*.

¿Cómo se alivia la tensión entre donde está la organización y donde quisiera que estuviera? La respuesta se halla en la Ley del Crecimiento Explosivo? (1) Si usted se desarrolla a sí mismo, podrá experimentar el éxito personal; (2) Si desarrolla a un equipo, su organización podrá experimentar el éxito; y (3) Si desarrolla líderes, su organización podrá experimentar un crecimiento explosivo.

Los líderes que atraen seguidores, pero que nunca desarrollan líderes, se agotan. ¿Por qué? Porque a ellos mismos les toca lidiar con todas las personas bajo su autoridad. Tener la capacidad de solo impactar a las personas que puedan tocar personalmente es algo sumamente limitante. Los líderes que atraen seguidores hacen que la organización crezca persona por persona. Cuando usted atrae a un seguidor, impacta a una persona únicamente, y recibe el valor y el poder de una persona solamente. Sin embargo, los líderes que desarrollan a otros líderes multiplican el crecimiento de su organización porque, por cada líder que desarrollan, también reciben el valor que aportan todos los seguidores de ese líder. Y si desarrollan mejores líderes, mejor será la calidad y la cantidad de los seguidores y mayor será el alcance.

Ser un líder que desarrolla líderes requiere un enfoque y una actitud totalmente diferentes que sencillamente atraer y dirigir seguidores. Para multiplicar su impacto a través del desarrollo de líderes, existen dos maneras de cambiar su enfoque:

Desarrolle a los que tienen mayor potencial. Irónicamente, los individuos de más alto rendimiento casi siempre son los que menos demandan de su tiempo y de su atención. Pero es necesario que intencionadamente busque a los miembros de su equipo que tengan el mayor potencial de liderazgo, para que les dé la mayor parte de su tiempo y de su atención. Si desarrolla a los mejores, los mejores le ayudarán con el resto.

Desarrolle las fortalezas de las personas. Cuando se busca ayudar a que un individuo crezca, es tentador dedicar la mayor parte de los esfuerzos a reforzar sus debilidades. Después de todo, las debilidades usualmente son mucho más notorias y problemáticas que las fortalezas. Y hay ciertas debilidades, tales como las del carácter, que es necesario abordar. Sin embargo, la forma más estratégica de desarrollar líderes es prepararlos para que crezcan al máximo en sus áreas de fortaleza. El resultado de ello es una mejoría e impacto mucho mayores.

El desarrollo de líderes se multiplica. Cuanto más se invierte en líderes potenciales y más tiempo se dedique a ello, mayores serán el crecimiento y los beneficios que resulten. El desarrollo de líderes crea un efecto multiplicador increíble en una organización que no es posible lograr de ninguna otra manera, ni aumentando los recursos, ni reduciendo costos, ni aumentando los márgenes de ganancia, ni mejorando los sistemas, ni implementando procedimientos de control de calidad, ni haciendo cualquiera otra cosa. Ese es el poder asombroso de la Ley del Crecimiento Explosivo.

Casos de estudio

Lea estos casos de estudio de la Biblia y responda a las preguntas subsiguientes.

❶ Liderando un ejército de artesanos

Éxodo 35:30-35

30 Y dijo Moisés a los hijos de Israel: Mirad, Jehová ha nombrado a Bezaleel hijo de Uri, hijo de Hur, de la tribu de Judá; 31 y lo ha llenado del Espíritu de Dios, en sabiduría, en inteligencia, en ciencia y en todo arte, 32 para proyectar diseños, para trabajar en oro, en plata y en bronce, 33 y en la talla de piedras de engaste, y en obra de madera, para trabajar en toda labor ingeniosa.

34 Y ha puesto en su corazón el que pueda enseñar, así él como Aholiab hijo de Ahisamac, de la tribu de Dan; 35 y los ha llenado de sabiduría de corazón, para que hagan toda obra de arte y de invención, y de bordado en azul, en púrpura, en carmesí, en lino fino y en telar, para que hagan toda labor, e inventen todo diseño.

Éxodo 36:1-3

1 Así, pues, Bezaleel y Aholiab, y todo hombre sabio de corazón a quien Jehová dio sabiduría e inteligencia para saber hacer toda la obra del servicio del santuario, harán todas las cosas que ha mandado Jehová.

2 Y Moisés llamó a Bezaleel y a Aholiab y a todo varón sabio de corazón, en cuyo corazón había puesto Jehová sabiduría, todo hombre a quien su corazón le movió a venir a la obra para trabajar en ella.

3 Y tomaron de delante de Moisés toda la ofrenda que los hijos de Israel habían traído para la obra del servicio del santuario, a fin de hacerla. Y ellos seguían trayéndole ofrenda voluntaria cada mañana.

Éxodo 39:32-43

32 Así fue acabada toda la obra del tabernáculo, del tabernáculo de reunión; e hicieron los hijos de Israel como Jehová lo había mandado a Moisés; así lo hicieron.

33 Y trajeron el tabernáculo a Moisés, el tabernáculo y todos sus utensilios; sus corchetes, sus tablas, sus barras, sus columnas, sus basas; 34 la cubierta de pieles de carnero teñidas de rojo, la cubierta de pieles de tejones, el velo del frente; 35 el arca del testimonio y sus varas, el propiciatorio; 36 la mesa, todos sus vasos, el pan de la proposición; ³⁷ el candelero puro, sus lamparillas, las lamparillas que debían mantenerse en orden, y todos sus utensilios, el aceite para el alumbrado; ³⁸ el altar de oro, el aceite de la unción, el incienso aromático, la cortina para la entrada del tabernáculo; ³⁹ el altar de bronce con su enrejado de bronce, sus varas y todos sus utensilios, la fuente y su base; ⁴⁰ las cortinas del atrio, sus columnas y sus basas, la cortina para la entrada del atrio, sus cuerdas y sus estacas, y todos los utensilios del servicio del tabernáculo, del tabernáculo de reunión; ⁴¹ las vestiduras del servicio para ministrar en el santuario, las sagradas vestiduras para Aarón el sacerdote, y las vestiduras de sus hijos, para ministrar en el sacerdocio.

⁴² En conformidad a todas las cosas que Jehová había mandado a Moisés, así hicieron los hijos de Israel toda la obra.

⁴³ Y vio Moisés toda la obra, y he aquí que la habían hecho como Jehová había mandado; y los bendijo.

Preguntas de estudio

1. Dios le dio instrucciones específicas a Moisés para la construcción del tabernáculo y de todos los objetos relacionados con este, incluso el arca del pacto. ¿Cuánta confianza necesitó tener él para delegarle la elaboración de todos esos objetos a Bezaleel y Aholiab?

2. Luego de haber leído la lista de los objetos a elaborar y que Moisés llamó a todos los que Dios dio sabiduría y que estuvieran dispuestos a ir y hacer la obra, ¿cuántas personas pensaría usted que participaron en ese proyecto? ¿Cómo cree usted que Bezaleel y Aholiab manejaron la dirección de esos artesanos?

3. ¿Cómo cree usted que habrían resultado las cosas si Moisés hubiera intentado dirigir a los artesanos él mismo, en lugar de reclutar el liderazgo de Bezaleel y de Aholiab?

_____

_____

_____

_____

_____

② Líderes en entrenamiento

Lucas 10:1-12, 16-21

¹ Después de estas cosas, designó el Señor también a otros setenta, a quienes envió de dos en dos delante de él a toda ciudad y lugar adonde él había de ir.

² Y les decía: La mies a la verdad es mucha, mas los obreros pocos; por tanto, rogad al Señor de la mies que envíe obreros a su mies.

³ Id; he aquí yo os envío como corderos en medio de lobos.

⁴ No llevéis bolsa, ni alforja, ni calzado; y a nadie saludéis por el camino.

⁵ En cualquier casa donde entréis, primeramente decid: Paz sea a esta casa.

⁶ Y si hubiere allí algún hijo de paz, vuestra paz reposará sobre él; y si no, se volverá a vosotros.

⁷ Y posad en aquella misma casa, comiendo y bebiendo lo que os den; porque el obrero es digno de su salario. No os paséis de casa en casa.

⁸ En cualquier ciudad donde entréis, y os reciban, comed lo que os pongan delante; ⁹ y sanad a los enfermos que en ella haya, y decidles: Se ha acercado a vosotros el reino de Dios.

¹⁰ Mas en cualquier ciudad donde entréis, y no os reciban, saliendo por sus calles, decid: ¹¹ Aun el polvo de vuestra ciudad, que se ha pegado a nuestros pies, lo sacudimos contra vosotros. Pero esto sabed, que el reino de Dios se ha acercado a vosotros.

¹² Y os digo que en aquel día será más tolerable el castigo para Sodoma, que para aquella ciudad. [...]

16 El que a vosotros oye, a mí me oye; y el que a vosotros desecha, a mí me desecha; y el que me desecha a mí, desecha al que me envió.

17 Volvieron los setenta con gozo, diciendo: Señor, aun los demonios se nos sujetan en tu nombre.

18 Y les dijo: Yo veía a Satanás caer del cielo como un rayo.

19 He aquí os doy potestad de hollar serpientes y escorpiones, y sobre toda fuerza del enemigo, y nada os dañará.

20 Pero no os regocijéis de que los espíritus se os sujetan, sino regocijaos de que vuestros nombres están escritos en los cielos.

21 En aquella misma hora Jesús se regocijó en el Espíritu, y dijo: Yo te alabo, oh Padre, Señor del cielo y de la tierra, porque escondiste estas cosas de los sabios y entendidos, y las has revelado a los niños. Sí, Padre, porque así te agradó.

Preguntas de estudio

1. La primera vez que Jesús envió a personas a predicar y a sanar enfermos, escogió a los doce apóstoles (Lucas 9). Este pasaje no nos explica cómo escogió a los setenta y dos líderes. ¿Qué criterios supondría usted que Jesús utilizó?

   _____

   _____

   _____

   _____

2. ¿Por qué Jesús les dio instrucciones tan detalladas a los setenta y dos?

   _____

   _____

   _____

   _____

3. Cuando los setenta y dos regresaron a Jesús, ¿en qué estaban enfocados? ¿Por qué cree usted que Jesús les respondió como lo hizo?

   _____

   _____

   _____

   _____

4. Jesús también reveló que a esos líderes les estaba confiriendo autoridad y poder adicionales para vencer todo el poder del enemigo. ¿Por qué les dijo eso?

_____

_____

_____

_____

❸ La estrategia de crecimiento de Pablo

Hechos 14:20-23

²⁰ Pero rodeándole los discípulos, se levantó y entró en la ciudad; y al día siguiente salió con Bernabé para Derbe.

²¹ Y después de anunciar el evangelio a aquella ciudad y de hacer muchos discípulos, volvieron a Listra, a Iconio y a Antioquía, ²² confirmando los ánimos de los discípulos, exhortándoles a que permaneciesen en la fe, y diciéndoles: Es necesario que a través de muchas tribulaciones entremos en el reino de Dios.

²³ Y constituyeron ancianos en cada iglesia, y habiendo orado con ayunos, los encomendaron al Señor en quien habían creído.

2 Timoteo 2:1-2

¹ Tú, pues, hijo mío, esfuérzate en la gracia que es en Cristo Jesús.

² Lo que has oído de mí ante muchos testigos, esto encarga a hombres fieles que sean idóneos para enseñar también a otros.

Tito 1:1-5

¹ Pablo, siervo de Dios y apóstol de Jesucristo, conforme a la fe de los escogidos de Dios y el conocimiento de la verdad que es según la piedad, ² en la esperanza de la vida eterna, la cual Dios, que no miente, prometió desde antes del principio de los siglos, ³ y a su debido tiempo manifestó su palabra por medio de la predicación que me fue encomendada por mandato de Dios nuestro Salvador, ⁴ a

Tito, verdadero hijo en la común fe: Gracia, misericordia y paz, de Dios Padre y del Señor Jesucristo nuestro Salvador.

⁵ Por esta causa te dejé en Creta, para que corrigieses lo deficiente, y establecieses ancianos en cada ciudad, así como yo te mandé; [...]

Preguntas de estudio

1. ¿Por qué Pablo y Bernabé constituyeron ancianos en cada iglesia en Derbe?

2. ¿Qué aprendemos de Pablo en el saludo que le da a Tito? ¿Por qué incluye sus credenciales?

3. Pablo afirma que dejó a Tito en Creta para que estableciese ancianos en cada ciudad. ¿Cuáles son las implicaciones para el liderazgo que hallamos en ese comentario? ¿Qué nos dice sobre el liderazgo de Tito? ¿Qué nos dice acerca de la confianza que Pablo tenía en Tito?

4. ¿Qué nos revelan las instrucciones que Pablo da a Timoteo acerca de su estrategia para desarrollar líderes?

Perspectivas de liderazgo y reflexión

¿Qué tienen en común Moisés, Jesús y Pablo en estos pasajes, cuando pusieron en práctica la Ley del Crecimiento Explosivo?

_____

_____

_____

_____

_____

¿Cómo contribuyeron sus prácticas a la expansión y la multiplicación de su impacto?

_____

_____

_____

_____

Actúe

Basado en sus observaciones de estos tres líderes, ¿en qué área necesita usted crecer más como líder para poner en práctica de modo eficaz la Ley del Crecimiento Explosivo? ¿Qué cosa es lo que le frena con más frecuencia al momento de formar a otros líderes? ¿Cuántas cosas puede cambiar para mejorar? ¿Qué pasos específicos puede dar de inmediato?

_____

_____

_____

_____

_____

_____

PREGUNTAS PARA DISCUSIÓN EN GRUPO

1. Consciente de lo específicas que fueron las instrucciones que Dios dio y la importancia del tabernáculo, ¿cómo habría respondido usted si se le hubiera encargado la responsabilidad de crearlo junto con todos sus objetos relacionados?

2. ¿Qué perspectivas obtuvo acerca de Jesús y de su manera de dirigir líderes a partir de las instrucciones que dio a los setenta y dos y la conversación sobre el informe de resultados luego que regresaron?

3. ¿Cuáles eran las dos cualidades que Pablo dijo a Timoteo que los líderes debían tener? ¿Por qué son importantes cada una de esas cualidades?

4. Cuando Moisés escogió a Bezaleel y a Aholiab, se les encomendó una tarea grande y específica que debían cumplir. Los líderes escogidos por Jesús y Pablo tenían una misión a largo plazo por cumplir. ¿Cómo se diferenció la selección de líderes en estos casos?

5. ¿Cuáles prácticas de desarrollo de liderazgo puede adoptar usted de Moisés, Jesús y Pablo?

6. ¿Cuál es la enseñanza más grande que obtuvo usted de esta lección?

7. ¿Cómo cree usted que Dios le está pidiendo que cambie? ¿Cuándo y cómo lo hará?

LA LEY DEL LEGADO

El valor duradero del líder se mide por la sucesión

DEFINICIÓN DE LA LEY

¿Qué le gustaría que dijeran de usted en su funeral? Le parecerá una pregunta extraña, pero, si verdaderamente desea que su liderazgo tenga significado, hay que pensar en lo que se diría en su panegírico o lo que se escribiría en su lápida; en otras palabras, el «resumen de su vida». Determinar eso no solo fija la dirección de su vida, sino que también determina el legado que dejará. Todo el éxito que ha logrado hasta hoy no contará mucho si no deja nada tras de sí. El valor duradero del líder se mide por la sucesión. Esa es la Ley del Legado.

Toda persona deja algún tipo de legado. Para algunos es positivo; para otros, negativo. Pero tenemos la posibilidad de escoger el legado que dejaremos y debemos esforzarnos y ser intencionados para convertirlo en realidad. Y se hace de la siguiente manera:

Declárelo. La mayoría de las personas sencillamente aceptan su vida, en lugar de dirigirla. Se dejan llevar por la corriente y nunca se aseguran de estar en el torrente correcto. Al invertir un poco de reflexión sobre el impacto que desea dejar luego de su partida, podrá ajustar su rumbo hacia la mejor dirección y mejorar las probabilidades de que se convierta en realidad.

Vívalo. Para que su legado realmente suceda en el futuro, hay que empezar ahora mismo, con usted. Es necesario vivirlo a través de su propio liderazgo. La sabiduría proviene de la experiencia. No es posible legar conocimientos y experiencia que no se poseen. Es necesario crear hoy lo que desea que otros mantengan.

Prepare a su sucesor. Los líderes eficaces se esfuerzan por desarrollar a otros líderes. El único momento del que se dispone para hacer eso es ahora. Invierta tanto tiempo como le sea posible en preparar a la persona que le sucederá. Cuanto más aprenda de usted personalmente, mayor será la probabilidad de que mantenga su legado una vez que asuma el rol de líder.

No olvide pasar la batuta. La parte más importante de una carrera de relevos es el pase de la estafeta, que es cuando el corredor en turno debe pasarla al siguiente compañero del equipo. Usted puede tener los corredores más rápidos del mundo, capaces de establecer nuevos récords, pero si se equivocan en el pase, perderán la carrera. Lo mismo ocurre en lo referente a la Ley del Legado. No importa lo bien que usted lidere ni lo bueno que sea su sucesor, si no le pasa la batuta de la manera correcta, no dejará el legado que desea. Ya sea que la pase prematuramente, antes de que la otra persona esté lista, o que se aferre a ella por demasiado tiempo, un mal pase puede debilitar su legado e incluso dañarlo irrevocablemente.

Casi cualquier persona puede hacer que una organización se vea bien por un momento, ya sea por lanzar un reluciente programa o producto nuevo, atraer multitudes a un evento nuevo o recortando el presupuesto para aumentar las ganancias. Pero, cuando todo esté dicho y hecho, su capacidad como líder no será juzgada por lo que logró a nivel personal. Los líderes siempre son juzgados por lo bien que aquellos en quienes invirtieron continúen su legado luego de su partida. El valor duradero del líder se mide por la sucesión.

CASOS DE ESTUDIO

Lea estos casos de estudio de la Biblia y responda a las preguntas subsiguientes.

❶ David nombra a Salomón como su sucesor

1 Reyes 1:24-48

²⁴ Y dijo Natán: Rey señor mío, ¿has dicho tú: Adonías reinará después de mí, y él se sentará en mi trono?

²⁵ Porque hoy ha descendido, y ha matado bueyes y animales gordos y muchas ovejas, y ha convidado a todos los hijos del rey, y a los capitanes del ejército, y también al sacerdote Abiatar; y he aquí, están comiendo y bebiendo delante de él, y han dicho: ¡Viva el rey Adonías!

²⁶ Pero ni a mí tu siervo, ni al sacerdote Sadoc, ni a Benaía hijo de Joiada, ni a Salomón tu siervo, ha convidado.

²⁷ ¿Es este negocio ordenado por mi señor el rey, sin haber declarado a tus siervos quién se había de sentar en el trono de mi señor el rey después de él?

²⁸ Entonces el rey David respondió y dijo: Llamadme a Betsabé. Y ella entró a la presencia del rey, y se puso delante del rey.

²⁹ Y el rey juró diciendo: Vive Jehová, que ha redimido mi alma de toda angustia, ³⁰ que como yo te he jurado por Jehová Dios de Israel, diciendo: Tu hijo Salomón reinará después de mí, y él se sentará en mi trono en lugar mío; que así lo haré hoy.

³¹ Entonces Betsabé se inclinó ante el rey, con su rostro a tierra, y haciendo reverencia al rey, dijo: Viva mi señor el rey David para siempre.

³² Y el rey David dijo: Llamadme al sacerdote Sadoc, al profeta Natán, y a Benaía hijo de Joiada. Y ellos entraron a la presencia del rey.

³³ Y el rey les dijo: Tomad con vosotros los siervos de vuestro señor, y montad a Salomón mi hijo en mi mula, y llevadlo a Gihón; ³⁴ y allí lo ungirán el sacerdote Sadoc y el profeta Natán como rey sobre Israel, y tocaréis trompeta, diciendo: ¡Viva el rey Salomón!

³⁵ Después iréis vosotros detrás de él, y vendrá y se sentará en mi trono, y él reinará por mí; porque a él he escogido para que sea príncipe sobre Israel y sobre Judá.

³⁶ Entonces Benaía hijo de Joiada respondió al rey y dijo: Amén. Así lo diga Jehová, Dios de mi señor el rey.

³⁷ De la manera que Jehová ha estado con mi señor el rey, así esté con Salomón, y haga mayor su trono que el trono de mi señor el rey David.

³⁸ Y descendieron el sacerdote Sadoc, el profeta Natán, Benaía hijo de Joiada, y los cereteos y los peleteos, y montaron a Salomón en la mula del rey David, y lo llevaron a Gihón.

³⁹ Y tomando el sacerdote Sadoc el cuerno del aceite del tabernáculo, ungió a Salomón; y tocaron trompeta, y dijo todo el pueblo: ¡Viva el rey Salomón!

⁴⁰ Después subió todo el pueblo en pos de él, y cantaba la gente con flautas, y hacían grandes alegrías, que parecía que la tierra se hundía con el clamor de ellos.

⁴¹ Y lo oyó Adonías, y todos los convidados que con él estaban, cuando ya

habían acabado de comer. Y oyendo Joab el sonido de la trompeta, dijo: ¿Por qué se alborota la ciudad con estruendo?

⁴² Mientras él aún hablaba, he aquí vino Jonatán hijo del sacerdote Abiatar, al cual dijo Adonías: Entra, porque tú eres hombre valiente, y traerás buenas nuevas.

⁴³ Jonatán respondió y dijo a Adonías: Ciertamente nuestro señor el rey David ha hecho rey a Salomón; ⁴⁴ y el rey ha enviado con él al sacerdote Sadoc y al profeta Natán, y a Benaía hijo de Joiada, y también a los cereteos y a los peleteos, los cuales le montaron en la mula del rey; ⁴⁵ y el sacerdote Sadoc y el profeta Natán lo han ungido por rey en Gihón, y de allí han subido con alegrías, y la ciudad está llena de estruendo. Este es el alboroto que habéis oído.

⁴⁶ También Salomón se ha sentado en el trono del reino, ⁴⁷ y aun los siervos del rey han venido a bendecir a nuestro señor el rey David, diciendo: Dios haga bueno el nombre de Salomón más que tu nombre, y haga mayor su trono que el tuyo. Y el rey adoró en la cama.

⁴⁸ Además el rey ha dicho así: Bendito sea Jehová Dios de Israel, que ha dado hoy quien se siente en mi trono, viéndolo mis ojos.

1 Reyes 2:1-4

¹ Llegaron los días en que David había de morir, y ordenó a Salomón su hijo, diciendo: ² Yo sigo el camino de todos en la tierra; esfuérzate, y sé hombre.

³ Guarda los preceptos de Jehová tu Dios, andando en sus caminos, y observando sus estatutos y mandamientos, sus decretos y sus testimonios, de la manera que está escrito en la ley de Moisés, para que prosperes en todo lo que hagas y en todo aquello que emprendas; ⁴ para que confirme Jehová la palabra que me habló, diciendo: Si tus hijos guardaren mi camino, andando delante de mí con verdad, de todo su corazón y de toda su alma, jamás, dice, faltará a ti varón en el trono de Israel.

Preguntas de estudio

1. ¿Tuvo David alguna responsabilidad en el intento de Adonías de ascender al trono por iniciativa propia?

_____

_____

_____

2. El pasaje continúa narrando que cuando Salomón fue puesto en el trono, Adonías le rogó a Salomón que tuviera misericordia de él, y cuando le fue concedida, se inclinó ante Salomón (ver 1 Reyes 1:50-53). ¿Por qué funcionó la estrategia de David?

_____

_____

_____

_____

3. Cuando la muerte de David se acercaba, este aconsejó a Salomón. ¿Qué estaba intentando hacer?

_____

_____

_____

_____

② Elías escoge a Eliseo

1 Reyes 19:19-21

19 Partiendo él de allí, halló a Eliseo hijo de Safat, que araba con doce yuntas delante de sí, y él tenía la última. Y pasando Elías por delante de él, echó sobre él su manto.

20 Entonces dejando él los bueyes, vino corriendo en pos de Elías, y dijo: Te ruego que me dejes besar a mi padre y a mi madre, y luego te seguiré. Y él le dijo: Ve, vuelve; ¿qué te he hecho yo?

21 Y se volvió, y tomó un par de bueyes y los mató, y con el arado de los bueyes coció la carne, y la dio al pueblo para que comiesen. Después se levantó y fue tras Elías, y le servía.

2 Reyes 2:8-15

8 Tomando entonces Elías su manto, lo dobló, y golpeó las aguas, las cuales se apartaron a uno y a otro lado, y pasaron ambos por lo seco.

⁹ Cuando habían pasado, Elías dijo a Eliseo: Pide lo que quieras que haga por ti, antes que yo sea quitado de ti. Y dijo Eliseo: Te ruego que una doble porción de tu espíritu sea sobre mí.

¹⁰ Él le dijo: Cosa difícil has pedido. Si me vieres cuando fuere quitado de ti, te será hecho así; mas si no, no.

¹¹ Y aconteció que yendo ellos y hablando, he aquí un carro de fuego con caballos de fuego apartó a los dos; y Elías subió al cielo en un torbellino.

¹² Viéndolo Eliseo, clamaba: ¡Padre mío, padre mío, carro de Israel y su gente de a caballo! Y nunca más le vio; y tomando sus vestidos, los rompió en dos partes.

¹³ Alzó luego el manto de Elías que se le había caído, y volvió, y se paró a la orilla del Jordán.

¹⁴ Y tomando el manto de Elías que se le había caído, golpeó las aguas, y dijo: ¿Dónde está Jehová, el Dios de Elías? Y así que hubo golpeado del mismo modo las aguas, se apartaron a uno y a otro lado, y pasó Eliseo.

¹⁵ Viéndole los hijos de los profetas que estaban en Jericó al otro lado, dijeron: El espíritu de Elías reposó sobre Eliseo. Y vinieron a recibirle, y se postraron delante de él.

Preguntas de estudio

1. El simbolismo cuando Elías puso su manto sobre Eliseo significaba que lo había escogido como su sucesor. ¿Cuál fue la respuesta de Eliseo a eso?

_____

_____

_____

_____

2. El pasaje sencillamente dice que Eliseo siguió a Elías y le servía. ¿Qué implica esto en cuanto al proceso que un sucesor tendría que pasar antes de ocupar el lugar de su líder?

_____

_____

_____

_____

3. ¿Por qué cree que Elías le dijo a Eliseo que tenía que quedarse y verlo cuando fuere llevado para recibir una doble porción de su espíritu?

_____

_____

_____

_____

4. ¿Qué representan las acciones que Eliseo efectuó con el manto de Elías?

_____

_____

_____

_____

③ El plan de sucesión de Jesús

Lucas 6:12-16

12 En aquellos días él fue al monte a orar, y pasó la noche orando a Dios.

13 Y cuando era de día, llamó a sus discípulos, y escogió a doce de ellos, a los cuales también llamó apóstoles: 14 a Simón, a quien también llamó Pedro, a Andrés su hermano, Jacobo y Juan, Felipe y Bartolomé, 15 Mateo, Tomás, Jacobo hijo de Alfeo, Simón llamado Zelote, 16 Judas hermano de Jacobo, y Judas Iscariote, que llegó a ser el traidor.

Mateo 28:16-20

16 Pero los once discípulos se fueron a Galilea, al monte donde Jesús les había ordenado.

17 Y cuando le vieron, le adoraron; pero algunos dudaban.

18 Y Jesús se acercó y les habló diciendo: Toda potestad me es dada en el cielo y en la tierra.

19 Por tanto, id, y haced discípulos a todas las naciones, bautizándolos en el nombre del Padre, y del Hijo, y del Espíritu Santo; 20 enseñándoles que guarden todas las cosas que os he mandado; y he aquí yo estoy con vosotros todos los días, hasta el fin del mundo. Amén.

Preguntas de estudio

1. ¿Por qué cree usted que Jesús escogió a doce personas para que fueran sus apóstoles? ¿Y por qué escogió a esos individuos?

2. ¿Cuáles son las implicaciones de su declaración de que toda autoridad le ha sido dada en el cielo y en la tierra?

3. ¿Cuál es la importancia de las personas que Jesús escogió, de la misión que les dio y de la autoridad que tiene? Clasifíquelas en orden de importancia.

PERSPECTIVAS DE LIDERAZGO Y REFLEXIÓN

Basado en el punto en que se encuentra en su carrera o etapa de vida, ¿le resulta fácil o difícil pensar en escoger y desarrollar a un sucesor? Explique.

Basado en los pasajes leídos, ¿en qué etapa se encuentra usted del proceso relacionado con la Ley del Legado?

- Desarrollando sus propias habilidades y credibilidad como líder.
- Atrayendo e infuenciando líderes.
- Seleccionando un sucesor.
- Desarrollando y preparando a un sucesor.
- Empoderando y lanzando a un sucesor.

¿Cuáles son los desafíos de la etapa actual del proceso?

_____

_____

_____

_____

¿Cuáles desafíos u obstáculos anticipa que necesitará vencer para avanzar a la siguiente etapa?

_____

_____

_____

ACTÚE

Decida en dónde debe poner su enfoque: en finalizar la etapa actual del proceso de sucesión o en trabajar para avanzar a la etapa siguiente. Después escriba un plan para llevarlo a cabo.

_____

_____

_____

_____

_____

¿Cuándo lo hará?   Fecha:_____

¿En qué fecha se propone finalizarlo?   Fecha:_____

Preguntas para discusión en grupo

1. Parece que David había prometido anteriormente que nombraría a Salomón como su sucesor; no obstante, el hijo de Betsabé no había sido establecido. ¿Cuáles podrían haber sido algunas de las causas de ello?

2. Las acciones de David relacionadas con la sucesión fueron precipitadas por una crisis. ¿Qué tan común es esto en una organización? ¿Cómo suele resultar?

3. ¿Cómo se habría sentido usted si hubiera sido escogido como sucesor, como lo fue Eliseo, y tener que esperar años para ocupar su lugar como líder? ¿En qué se habría enfocado mientras esperaba?

4. Aunque Elías escogió a Eliseo, le dijo a su aprendiz que su petición de una doble porción de su espíritu era difícil que le fuera concedida. ¿Por qué cree usted que dijo eso? ¿Qué piensa de la respuesta de Eliseo?

5. El mandamiento que Jesús dio a sus discípulos se conoce como la Gran Comisión, instrucción que todavía guía a sus seguidores casi dos mil años después. ¿Por qué es eso tan poderoso?

6. ¿Dónde se encuentra usted en el proceso de sucesión?

   • Desarrollando sus propias habilidades y credibilidad como líder.
   • Atrayendo e infuenciando líderes.
   • Seleccionando un sucesor.
   • Desarrollando y preparando a un sucesor.
   • Empoderando y lanzando a un sucesor.

7. Describa lo que deberá hacer para finalizar la etapa actual y prepararse para la siguiente.

8. ¿Piensa usted que finalizar las etapas de sucesión es un proceso que se realiza una sola vez o que es algo que se repite durante el transcurso de la vida del líder? Explique su respuesta.

Preguntas finales para discusión en grupo

Recomiendo que se reúna con su grupo una última vez después de haber finalizado la lección sobre la Ley del Legado. Antes de esa reunión, pídales a todos que dediquen algo de tiempo para reflexionar sobre todo el proceso de desarrollo de liderazgo que han pasado. Luego, cuando se reúnan, responda a las preguntas siguientes:

1. ¿Cómo describe su travesía de liderazgo desde que inició su proceso?

2. ¿Ha adquirido un papel de liderazgo mayor o ha sido más proactivo como líder desde que empezó a estudiar las veintiuna leyes en las Escrituras? En caso afirmativo, ¿cómo? En caso negativo, ¿por qué no?

3. ¿Cuál ley descubrió usted que practica bien por instinto? Explique.

4. ¿Cuál de las leyes descubrió usted que le presenta el mayor desafío personal como líder? Explique.

5. ¿Cuáles cambios generales ha visto en su filosofía de liderazgo o en su enfoque de liderazgo hacia otros?

6. ¿Están los demás respondiendo de manera diferente a usted como líder en comparación con el pasado? En caso afirmativo, ¿cómo?

7. ¿Cuál es la enseñanza más importante que ha obtenido de este proceso de aprendizaje?

8. ¿Qué ha aprendido de otros miembros del grupo?

9. ¿Cuál es la próxima área en la que desea tener el mayor crecimiento en su liderazgo?

ACERCA DEL AUTOR

John C. Maxwell es un autor número 1 en ventas del *New York Times*, *coach* y orador que ha vendido más de treinta millones de libros en cincuenta idiomas. Ha sido identificado como líder número 1 en negocios por la American Management Association y el experto en liderazgo más influyente del mundo por las revistas *Inc.* y *Business Insider*. Es fundador de John Maxwell Company, de The John Maxwell Team, EQUIP y John Maxwell Leadership Foundation, organizaciones que han capacitado a millones de líderes en todos los países del mundo. Fue galardonado con el Premio Madre Teresa por la Paz Mundial y el Liderazgo de Luminary Leadership Network. El Dr. Maxwell da conferencias cada año a compañías *Fortune 500* y habla a presidentes de naciones, así como a muchos de los principales líderes empresariales del mundo.

Aprenda sobre el
CRECIMIENTO Y EL LIDERAZGO

El nuevo libro de John Maxwell
Liderazgo, lo que todo líder necesita saber lo tiene todo.

AUTOR *best seller* de
Las 21 leyes irrefutables de liderazgo

JOHN C. MAXWELL

LIDERAZGO

LO QUE TODO LÍDER NECESITA SABER

COLECCIÓN COMPLETA

Actitud, autosuperación, liderazgo, relaciones, éxito, equipo, capacitación y mentor.

El famoso *coach* y orador **John Maxwell** compartió por años su sabiduría en sus libros *best sellers* sobre liderazgo.

Ahora, en una edición especial, hemos reunido todos los principios que un profesional necesita.

El mejor regalo para toda ocasión es esta colección de libros que orientan a los lectores hacia un crecimiento significativo.

Visite **gruponelson.com**